나와 너

나와 너

Ich und Du

마르틴 부버 지음 | 표재명 옮김

문예출판사

차례

1부 —— 근원어 7

2부 —— 사람의 세계 57

3부 —— 영원한 너 108

저자 후기 174

연보 192

부버와 《나와 너》에 대하여 196

1부

근원어

세계는 사람이 취하는 이중적인 태도에 따라서 사람에게 이중
적이다.

사람의 태도는 그가 말할 수 있는 근원어(根源語, Grund-
worte)의 이중성에 따라서 이중적이다.

근원어는 낱개의 말(Einzelworte)이 아니고 짝말(Wortpaare)
이다.

근원어의 하나는 '나‐너(Ich‐Du)'라는 짝말이다.

또 하나의 근원어는 '나‐그것(Ich‐Es)'이라는 짝말이다. 이
때에 '그것'이라는 말을 '그(Er)' 또는 '그 여자(Sie)'라는 말로
바꿔 넣더라도 근원어에는 아무 변화가 없다.

따라서 사람의 '나'도 이중적이다. 왜냐하면 근원어 '나‐너'
의 '나'는 근원어 '나‐그것'의 '나'와 다른 것이기 때문이다.

* * *

근원어는 그들 바깥에 존재하고 있을 어떤 것을 진술하는 것이 아니다. 오히려 근원어가 말해짐으로써 하나의 존재가 세워지는[1] 것이다.

근원어는 존재를 기울여(mit dem Wesen)[2] 말해진다.

'너'라고 말할 때는 짝말 '나-너'의 '나'도 함께 말해진다.

'그것'이라고 말할 때는 짝말 '나-그것'의 '나'도 함께 말해진다.

근원어 '나-너'는 온 존재를 기울여서만 말할 수 있다.

근원어 '나-그것'은 결코 온 존재를 기울여서 말할 수 없다.

* * *

'나', 그 자체란 없으며 오직 근원어 '나-너'의 '나'와 근원어 '나-그것'의 '나'가 있을 뿐이다.

---

1) 근원어 '나-너'를 말하는 것이 타자를 객체화하는 것이 아닌 '관계'를 세우고, 근원어 '나-그것'을 말하는 것이 타자를 객체화하는 '경험'이나 이용을 야기시킴을 말한다.

2) 여기서 '존재'로 옮긴 Wesen은 부버의 가장 중심적인 용어 가운데 하나다. 문맥상 '본질' '본성'으로 옮기는 것이 명백할 때 이외에는 '존재'로 옮겼다. 존재보다 더 본질적인 것은 없기 때문이다. '나의 온 존재를 기울인다'는 말과 '나의 본질을 다하여'라는 말은 같은 것이라고 하겠다. 김천배 역, 김광식 역에서 '전 인격을 기울여'로 옮기고 있는 까닭이 여기에 있다고 본다.

사람이 '나'라고 말할 때[3] 그는 그 둘 중의 하나를 생각하고 있다. 그가 '나'라고 말할 때 그가 생각하는 '나'가 거기에 존재한다. 또한 그가 '너' 또는 '그것'이라고 말할 때 위의 두 근원어 중 어느 하나의 '나'가 거기에 존재한다.

'내'가 존재한다는 것(Ich sein)과 '내'가 말한다는 것(Ich sprechen)은 똑같은 것이다. '나'라고 말하는 것과 두 근원어 가운데 하나를 말하는 것은 똑같은 것이다.

근원어를 말하는 사람은 그 말 속에 들어가 거기에 선다.

* * *

사람이라는 존재의 삶은 타동사의 영역에서만 이루어지는 것이 아니다. 그것은 '어떤 것(Etwas)'을 대상(對象)으로 삼는 활동[4]만으로 이루어지는 것이 아니다. 나는 무엇인가를 지각(知覺)한다. 나는 무엇인가를 감각한다. 나는 무엇인가를 표상(表象)한다. 나는 무엇인가를 의욕한다. 나는 무엇인가를 느낀다. 나는 무엇인가를 생각한다. 그러나 사람의 삶은 이 모든 것과 이러한 따위의 일들만으로 이루어져 있는 것이 아니다.

---

3) 이것은 일인칭 단수 대명사로서의 '나'를 입 밖에 내는 것과는 다르다. 이 책에서 '말한다'는 것은 말하자면 상징적으로 쓰이고 있으며 〈나〉라고 말하는 것은 '나'인 사람이 다른 사람에 대하여 가지는 관계, 태도를 뜻한다.
4) '너'로 삼는 관계, 태도를 뜻하며 상대자를 이른바 친칭(親稱) 'Du'로 부르는 것과는 다르다.

이 모든 것과 이러한 따위의 일들은 한데 어울려 '그것'의 나라를 이룩한다.

그러나 '너'의 나라는 다른 바탕을 가지고 있다.

* * *

'너'라고 말하는 사람은 아무것도 대상으로 삼지 않는다. 왜냐하면 '어떤 것'이 있는 곳에는 또 다른 '어떤 것'이 있기 때문이다. 모든 '그것'은 저마다 다른 '그것'과 맞닿아 있으며, 다른 '그것'에 맞닿음으로써만 존재한다. 그러나 '너'라고 말하는 곳에는 아무것도 존재하지 않는다. '너'는 아무것과도 맞닿지 않는다.

'너'라고 말하는 사람은 '그 무엇'을 가지지 않는다. 아니, 아무것도 가지지 않는다. 그러나 그는 '관계(Beziehung)'에 들어서 있는 것이다.[5]

* * *

사람들은 세계를 경험한다고 말한다. 그것은 무슨 뜻일까? 사람은 사물의 표면을 돌아다니면서(befährt) 그것을 경험한다

---

5) in der Beziehung stehen : 부버에게 있어서 이 말은 언제나 '나-너'의 관계에 들어서는 것을 가리키며, '나-그것'의 경우에는 쓰이지 않는다. 그러나 Verhältnis는 '나-너'의 경우에도 '나-그것'의 경우에도 쓰이고 있다.

(erfährt). 그는 이 사물들로부터 그것들의 성질에 관한 지식, 곧 경험을 가져온다.[6] 그는 사물에 붙어 있는 것을 경험하는 것이다.

그러나 경험만으로는 세계를 사람에게 가져다 줄 수 없다. 왜냐하면 경험은 사람에게 오직 '그것'과 '그것'과 '그것'으로 이루어진, 즉 '그'와 '그', '그 여자'와 '그 여자', 그리고 '그것'으로 이루어진 세계를 가져다 줄 뿐이기 때문이다.

나는 '그 무엇'을 경험한다.

'외적(外的)' 경험에다 '내적(內的)' 경험을 덧붙인다 해도 사정은 조금도 달라지지 않는다. 그것은 죽음의 신비를 무디게 하려는 사람의 욕망에서 생겨난 것이다. 내적인 것도 외적인 것도 똑같이 사물들 가운데 하나일 뿐이다!

나는 '그 무엇'을 경험한다.

그리고 이때 '명백한' 경험에다 '신비한' 경험을 덧붙인다 해도 사정은 조금도 달라지지 않는다. 저 자신만만한 지혜는 사물 안에 있는, 비의(秘義)에 정통한 자들을 위해 남겨진 밀실을 알고 있으며 그것을 열쇠로 열어 본다고는 하지만. 아, 신비함 없는 은밀함이여! 아, 정보(情報) 더미여! '그것', 그것, 그것뿐이로다!

---

6) Erfahrung: 이 대목에서 부버가 가한 '경험(Erfahrung)'에 대한 비판은 아마도 근대의 경험주의에서 오는 오해를 피하기 위한 것 같다. 부버는 '경험'을 '나-그것'의 영역에 속하는 것으로, 체험(Erlebnis) '을 '나-너'의 영역에서 이루어지는 것으로 보고 있다. fahren에서 만들어진 befahren과 erfahren을 나란히 쓴 부버의 의도는 이와 같이 경험이 사물의 표면에 머무는 것임을 암시하려는 것 같다.

* * *

경험하는 사람은 세계와 아무 상관이 없다. 경험은 실로 '그 사람 안'에 있으며 그와 세계 사이에 있는 것이 아니다.

세계는 경험과 아무 상관이 없다. 세계는 스스로를 사람들의 경험에 내맡기지만, 그러나 경험과는 아무 상관도 없다. 왜냐하면 세계는 경험을 위해 아무 일도 하지 않으며, 경험은 세계에 아무 영향도 줄 수 없기 때문이다.

* * *

경험으로서의 세계는 근원어 '나-그것'에 속한다. 근원어 '나-너'는 관계의 세계를 세운다.

* * *

관계의 세계가 세워지는 세 개의 영역이 있다.

첫째는 자연과 더불어 사는 삶이다. 여기서는 관계는 아직 어둠 속에서 흔들리며, 언어가 통하지 않는다. 뭇 피조물들은 우리와 마주 서서 활동하고 있지만 우리에게까지 오지는 못한다. 그리고 우리가 그들을 향해 '너'라고 말해도 그것은 말의 문턱에 달라붙고 만다.

둘째는 사람들과 더불어 사는 삶이다. 여기서는 관계가 명백해지고 언어의 형태를 취한다. 우리는 '너'라는 말을 건넬 수가 있고 받을 수도 있다.

셋째는 정신적 존재들(geistige Wesenheiten)[7]과 더불어 사는 삶이다. 여기서 관계는 구름에 덮여 있으나 스스로 나타나고, 말 없이 말을 낳고 있다. 우리는 '너'라는 말을 듣지 못하지만, 그러나 그렇게 부름받고 있음을 느끼며 대답한다──형성하면서, 사고하면서, 행위하면서, 즉 우리가 입으로는 '너'라고 말할 수 없지만 우리의 존재를 기울여 저 근원어를 말하는 것이다.

그러나 어떻게 우리는 말할 수 없는 것을 끌어들여 근원어의 세계와 관계를 맺게 할 수 있을까?

이 모든 영역에서 우리 앞에 현전(現前)하며 생성되는 자(das uns gegenwärtig Werdende)를 통하여 우리는 영원한 '너'의 옷 자락[8]을 바라본다. 모든 것에서 우리는 영원한 '너'의 나부낌을 들으며, 각 영역에서 그 나름의 방법을 따라 우리는 모든 '너'에게서 영원한 '너'를 부른다.

---

7) geistige Wesenheiten: 영어본에는 spiritual beings로 되어 있다. 이 말은 부버 자신이 1957년 판에 붙인 후기에서 말하고 있듯이, 예술이나 사상과 같은 창조적인 소산을 통하여 감득되며, 또한 사람의 정신적인 창조행위가 그 위에 바탕을 두고 있는 정신적 존재를 가리키는 것이다. 물론 넓은 의미로는 정신적인 창조 행위의 모든 소산을 가리키는 것이라고 볼 수도 있다.
8) 옷자락: 〈이사야〉 6장 1절 참조.

* * *

나는 한 그루의 나무를 관찰한다.

나는 그것을 형상으로 받아들일 수 있다. 햇빛을 받아 빛나면서 우뚝 서 있는 기둥으로, 또는 푸른 기운이 감도는 은빛의 부드러운 하늘을 배경으로 뿜어 나온 신록으로 볼 수 있다.

나는 그것을 운동으로 느낄 수 있다. 꽉 붙어 있으면서도 뻗어가는 수심(樹心)을 흐르는 맥상(脈狀)으로, 뿌리의 흡수, 잎의 호흡, 땅과 대기의 끝없는 교류로——그리고 눈에 띄지 않는 성장 자체로서 느낄 수 있다.

나는 그것을 하나의 종(種)으로 분류하고, 하나의 표본으로서 그의 구조라든가 생존 양식을 관찰할 수 있다.

나는 그것의 현재성(Diesmaligkeit)과 형태성을 단연 무시하고 그것을 오직 법칙의 표현으로서——즉, 끊임없이 대립적으로 작용하는 힘들을 언제나 조화시키는 법칙, 또는 그에 따라 그 나무의 구성 요소들이 섞이기도 하고 또 분리되기도 하는 법칙의 표현으로만 인식할 수 있다.

나는 그것을 수(數)로, 순수한 수식(數式)으로 발산시키고, 그리하여 영원한 것으로 만들 수 있다.

이 모든 경우에 그 나무는 여전히 나의 대상으로 머물러 있으며, 그의 장소와 시점(時點), 성질과 상태를 가지고 있다.

그러나 만일 나에게 그럴 의욕이 있고 또한 은총을 받는다면,

나는 그 나무를 관찰하면서 그 나무와의 관계에 끌려들어가는 일이 일어날 수가 있다.

그러면 그 나무는 '그것'이 아니다. 이때에는 독점(獨占, Ausschließlichkeit)[9]의 힘이 나를 사로잡은 것이다.

그렇다고 나는 그 나무와의 독점적인 관계에 들어서기 위하여 나의 관찰 방법 가운데 어떤 것을 포기할 필요는 없다. 내가 보기 위하여 눈을 돌려야 하는 것이라고는 아무것도 없으며, 내가 잊어야 하는 지식도 없다. 오히려 형상, 운동, 종(種), 유형(類型), 법칙, 수, 이 모든 것이 그 나무 안에서 구별할 수 없이 하나가 되어 있는 것이다.

그 나무에 딸린 모든 것은 다 그 나무 안에 함께 있다. 즉 그것의 형태(Form)와 조직(Mechanik), 색깔과 화학적 구조, 그리고 그것이 자연의 원소들과 나누는 이야기와, 별들과 주고받는 이야기 같은 이 모두가 하나의 전체를 이루고 있는 것이다.

나무는 결코 인상이 아니다. 나의 표상의 장난도 아니고 기분에 따르는 가치도 아니다. 그것은 나와 마주 서서 살아 있으며,[10] 내가 그 나무와 관계를 맺고 있듯이 나와 관계를 맺고 있다── 다만 그 방법이 다를 뿐이다.

---

9) Ausschließlichkeit : 이 말은 의식적인 독점이나 배타성을 뜻하는 것이 아니고, '나-너'의 관계가 이루어지는 순간에 저절로 생기는 상황성, 곧 비순수성의 배제를 뜻하고 있다. '배타성'으로도 옮겼다.
10) Er leibt mir gegenüber…… 영역에는 It confronts me bodily……로 되어 있다.

사람은 관계의 의미를 약화시키려고 해서는 안 된다. 관계란 상호적인 것(Gegenseitigkeit)이기 때문이다.

그렇다면 나무에게도 우리와 비슷한 의식이 있는 것일까? 나는 그런 것을 경험하지 못한다. 그런데 여러분은 또다시 성공할 수 있을 것 같다고 해서 분석할 수 없는 것을 분석하려고 하는가? 나는 나무의 영(靈, Seele)이라든가 나무의 요정(妖精, Dryade)이 아닌 나무 자체를 만나는 것이다.

* * *

내가 어떤 사람을 나의 '너'로서 마주 대하고 그에게 근원어 '나-너'를 말할 때, 그는 사물 가운데 하나가 아니며 여러 가지 사물들로 이루어진 것도 아니다.

그는 다른 '그'나 '그 여자'와 맞닿아 있는 '그'나 '그 여자'가 아니며, 공간과 시간으로 짜여진 세계라는 그물의 한 눈도 아니다. 또한 경험되고 기술(記述)될 수 있는 하나의 성질, 이름이 붙어 있는 여러 가지 특성들의 엉성한 다발도 아니다. 오히려 그는 이웃할 것이 없으며 이음점이 없는 '너'이며, 하늘을 채우고 있다. 그 사람 이외에는 아무것도 없다는 말은 아니지만, 그러나 다른 모든 것은 '그의' 빛 가운데서 살고 있는 것이다.

선율은 소리의 모임으로 이루어진 것이 아니며, 시(詩)는 낱말들의, 그리고 조각은 선(線)들의 모임으로 이루어진 것이 아니

16

다. 사람이 이것들을 무리하게 당기고 잡아 찢는다면 통일체는 여러 가지 요소로 분해될 수밖에 없다. 이것은 내가 '너'라고 부르는 사람의 경우에도 마찬가지다. 나는 그의 머리카락 색깔이라든가 그의 말하는 투, 또는 그의 품위의 색깔을 그에게서 끌어낼 수가 있다. 실상 나는 언제나 그렇게 할 수밖에 없다. 그러나 그때 그는 이미 '너'가 아니다.

그리고 기도가 시간 안에 있는 것이 아니라 시간이 기도 안에 있으며, 희생의 제사가 공간 안에 있는 것이 아니라 공간이 희생의 제사 안에 있듯이,[11] 그리고 이 관계를 거꾸로 하면 현실성이 없어지듯이, 나는 '너'라고 부르는 사람을 어떤 시간, 어떤 장소에서 만나는 것이 아니다. 나는 그 사람을 어떤 시간, 어떤 공간에 잡아넣을 수 있다. 그리고 나는 언제나 그렇게 할 수밖에 없다. 그러나 그때에 그 사람은 오직 하나의 '그' 또는 '그 여자', 하나의 '그것'이지 이미 나의 '너'는 아니다.

'너'의 하늘이 나의 머리 위에 펼쳐져 있는 한, 인과율의 바람은 나의 발꿈치에서 웅크리고 있으며, 운명[12]의 소용돌이는 응고

---

11) 기도가 시간 안에…… 제사가 공간 안에 있는 것이 아니라는 표현으로 부버는 이 두 가지 사람의 주체적 행위는 시간·공간의 인과적 제약을 받지 않는다는 것, 아니 거꾸로 시간·공간이 이 같은 행위에 의하여 규정되는 것임을 주장하고 있다.

12) 운명: Verhängnis를 옮긴 말. 영어의 doom에 해당하는 나쁜 의미의 운명으로서 Schicksal, 영어의 fate와 구별되는 것이나 여기서는 다른 역어를 붙이지 않았다.

되어 움직이지 않는다.

내가 '너'라고 부르는 사람을 나는 경험하지 못한다. 그러나 나는 그와의 관계 속에, 거룩한 근원어 속에 선다. 다만 내가 그 관계에서 벗어날 때 비로소 나는 그를 다시 경험하게 된다. 경험이란 '너와의 멀어짐(Du-Ferne)'이다.

관계는 내가 '너'라고 부르는 그 사람이 자기의 경험 속에서 그 부르는 소리를 듣지 못하더라도 성립될 수 있다. 왜냐하면 '너'는 '그것'이 알고 있는 것 이상의 것이기 때문이다. '너'는 '그것'이 알고 있는 것 이상의 일을 하며, '그것'이 알고 있는 것 이상의 일에 부닥친다. 여기까지는 어떠한 속임수도 미치지 못한다. 여기에 '참된 삶'의 요람이 있다.

* * *

예술의 영원한 기원은 한 형태(形態, Gestalt)[13]가 어떤 사람에게 다가와 그를 통하여 작품이 되기를 원한다는 데 있다. 그 형태는 그 사람의 혼의 소산이 아니며, 그의 혼에 다가와서 그의 작용하는 힘을 요구하는 나타남이다. 그것은 사람의 본질 행위(本質行爲, Wesenstat)에 좌우된다. 사람이 그의 본질 행위를 다하고 그의 앞에 나타나는 형태에 자기의 온 존재를 기울여 근원어를

---

13) 이 형태는 이른바 형태심리학(Gestaltpsychologie)에서 말하는 형태와 다르다는 데 유의해야 한다.

말한다면, 그때에 저 작용하는 힘이 용솟음쳐 나오고 작품이 형성되는 것이다.

이 행위에는 하나의 희생과 하나의 모험이 포함되어 있다. 희생이란, 형태의 제단에 바쳐지는 무한한 가능성이다. 바로 지금까지 하늘거리며 시계(視界)를 지나간 모든 것은 말살되어야 하며, 그 가운데 어느 것도 작품 속에 들어가서는 안 된다. '나'와 '너'의 마주 섬이 가지는 배타성이 그것을 요구하는 것이다. 모험이란 저 근원어가 오직 온 존재를 기울여서만 말해질 수 있다는 것이다. 이 전체적 행위에 자기를 바치는 사람은 자기에게 아무것도 남겨 놓아서는 안 된다. 그리고 작품은 나무나 사람처럼 내가 긴장을 풀고 '그것의 세계'에 잠기는 것을 허용하지 않는다. 오히려 작품들이 지배한다── 내가 올바로 작품에게 시중들지 않으면 작품이 파괴되든지 아니면 작품이 나를 파괴하고 만다.

나에게 다가오는 형태를 나는 경험할 수 없으며 또한 기술할 수 없다. 나는 다만 그것을 구현할 수 있을 뿐이다. 하지만 나는 '나'와 '너'의 마주 섬의 광채 속에서 빛나는 저 형태를 경험적인 세계의 그 어떤 것보다도 더 명백히 본다. '내면적' 사물들 가운데 하나라든가 '상상력'이 꾸며 낸 심상(心像)으로서가 아니라 현전(現前)하는 것(das Gegenwärtige)으로서다. 객관적으로 검증한다면 그 형태는 결코 '거기'에는 없다. 하지만 그 형태만큼 현전하는 것이 또 어디에 있을까? 그리하여 내가 그 형태와 마주 서 있는 이 관계는 곧 내가 그 형태에 작용하듯이 그 형태도 나에게 작용하는 이 관계야말로 참 관계다.

만든다는 것은 퍼낸다는 것, 발명한다는 것은 찾아낸다는 것, 조형(造形)한다는 것은 발견한다는 것이다. 나는 구현(具現)함으로써 드러낸다. 나는 저 형태를 말하자면 '그것'의 세계로 끌어들인다. 만들어진 작품은 여러 사물 가운데 하나고 여러 가지 특성의 총화로 경험되며 기술될 수 있다. 그러나 받아들이면서 바라보는 사람에게는 그 형태는 때때로 몸을 가지고[14] 다가오는 수가 있다.

* * *

—— 그렇다면 우리는 '너'에 관해서 무엇을 경험하는 것일까?
—— 전혀 아무것도 경험하지 못한다. 왜냐하면 우리는 '너'를 경험하는 것이 아니니까.
—— 그렇다면 우리는 '너'에 관해서 무엇을 아는 것일까?
—— 오직 전체를 알 수 있을 뿐이다. 왜냐하면 우리는 그에 관한 개별적인 것은 하나도 모르니까.

* * *

'너'와 나의 만남은 은혜로 이루어진다——찾아서 발견되는

---

14) 몸을 입고, 물적 외관을 띠고, 구상적으로 현신한다는 의미.

것이 아니다. 그러나 내가 '너'를 향해 저 근원어를 말하는 것은 나의 존재를 기울인 행위요, 나의 본질 행위다.

'너'는 나와 만난다. 그러나 '너'와의 직접적인 관계에 들어서는 것은 나다. 그러므로 관계란 택함을 받는 것인 동시에 택하는 것이며, 피동인 동시에 능동이다.[15] 그것은 마치 온 존재를 기울인 능동적 행위에 있어서는 모든 부분적인 행위가 정지되고, 그리하여 모든 —— 한갓 부분적인 행위의 한계에 근거를 둔——행위감각(行爲感覺)이 정지되기 때문에 그 행위의 능동성이 수동과 비슷하게 될 수밖에 없는 것과 같다.

근원어 '나-너'는 오직 온 존재를 기울여서만 말해질 수 있다. 온 존재에로 모아지고 녹아지는 것은 결코 나의 힘으로 되는 것이 아니다. 그러나 나 없이는 이루어질 수 없다. '나'는 너로 인하여 '나'가 된다. '나'가 되면서 '나'는 '너'라고 말한다.

모든 참된 삶은 만남이다.

* * *

'너'에 대한 관계는 직접적이다. '너'와 '나' 사이에는 어떠한 개념형태도, 어떠한 예비지식도, 어떠한 환상도 없다. 그리고 기억조차도 개별적인 것에서 전체적인 것으로 넘어갈 때에는 변하

---

15) Erwähltwerden und Erwählen, Passion und Aktion의 번역.

고 만다. '나'와 '너' 사이에는 어떠한 목적도, 갈망도, 어떠한 예상도 없다. 그리고 그리움조차도 꿈에서 현실로 넘어갈 때에는 변하고 만다. 모든 매개물은 장애물이다. 모든 매개물이 무너져 버린 곳에서만 만남은 일어난다.

* * *

관계의 직접성 앞에서 모든 간접적인 것은 하찮은 것이 되고 만다. 또한 나의 '너'가 이미 다른 '나'의 '그것'(즉, '일반적인 경험의 대상')이든, 또는——다름 아닌 이 '나'의 본질 행위의 결과로——비로소 그렇게 될 수 있든 그것은 하찮은 일이다. 왜냐하면 이러한 것의 진정한 경계는 물론 유동하며 흔들리고 있는 것으로, 그것은 경험과 비경험 사이에 그어져 있는 것이 아니며, 소여(所與)와 비소여 사이, 존재의 세계와 가치의 세계 사이에 그어져 있는 것도 아니고, 모든 영역을 가로질러 '너'와 '그것' 사이에, 즉 현재(Gegenwart)와 대상(Gegenstand)[16] 사이에 그어져 있는 것이기 때문이다.

---

16) 현재(Gegenwart)와 대상(Gegenstand)의 대조는 다음 구절에 가서 변형, 전개되면서 메아리치고 있다. Gegenwart는 과거·미래와 구별되는 현재란 뜻과 현전(現前)이란 뜻을 아울러 가지고 있으며, 이 책에서 부버는 이 둘을 명확히 구별하지 않은 채 즐겨 쓰고 있다.

* * *

현재란 단지 생각 속에서 그때그때 '지나가는' 시간을 고정시킨 종점으로서의 하나의 점이라든가, 또는 겉보기로만 고정시킨 경과를 가리키는 하나의 점 같은 것이 아니다. 참되고 충만한 현재는 현전하는 것, 만남, 관계가 존재하는 한에서만 존재한다. 오직 '너'가 현전하게 됨으로써만 현재는 생성되는 것이다.

근원어 '나 —그것'의 '나', 즉 하나의 '너'에 대하여 몸으로 마주 서 있는 것이 아니라, 다양한 '내용'으로 둘려 있는 '나'에게는 과거가 있을 뿐이며 현재가 없다. 다시 말하면, 사람은 자기가 경험하며 사용하고 있는 사물에 만족하고 있는 한 과거에 살고 있는 것이며, 그의 순간은 현재가 없는 순간이다. 그는 대상밖에 가진 것이 없다. 그러나 대상의 본질은 있었다(Gewesensein)고 하는 데 있는 것이다.

현재는 덧없는 것, 지나가 버리는 것이 아니라 마주 기다리며 마주 지탱하는 것(das Gegenwartende und Gegenwährend)이다. 그러나 대상은 지탱이 아니라 정지며 중지고, 단절이요 경화(硬化)요 고립이며, 관계의 결여고 현재의 결여인 것이다.

본질적인 것(Wesenheiten)은 현재 속에서 살려지고, 대상적인 것(Gegenständlichkeiten)[17]은 과거에서 살려진다.

* * *

이러한 근본적인 이중성은, 제3의 것으로서 대립을 넘어서 있
다면 '이념의 세계(Ideenwelt)'를 불러들여도 극복되지 않는다.
왜냐하면 나는 오직 현실의 사람, 곧 너나 나에 대해서, 우리의
삶이나 우리의 세계에 대해서 말할 뿐이고 어떤 '나' 자체라든가
어떤 존재 자체에 대해서 말하는 것이 아니기 때문이다. 그러나
현실의 사람에게는 저 본래적인 경계선이 이념의 세계에까지도
가로질러 지나고 있는 것이다.

물론 사물의 세계에서 살아가며 그것들을 경험하고 사용하는
것으로 만족해하는 많은 사람들이 이념이라고 하는 아래채
(Anbau)나 위채(Überbau)를 짓고 그 안에 들어가 닥쳐오는 허
무를 피하며 위안을 찾는다. 그들은 그 문턱에서 일상의 나쁜 옷
을 벗어 버리고 새하얀 아마포(亞麻布)로 몸을 두르고 자기 자신
의 삶과는 아무 관계도 없는 근원적 존재나 마땅히 있어야 하는
존재를 바라보는 것만으로 기운을 차린다. 또한 그러한 존재가
있다는 것을 사람들에게 알려 주는 것도 그들에게는 기분 좋은
일일 것이다.

---

17) Wesenheiten, Gegenständlichkeiten: 독일어로서는 드문 용법이다. 살려진
   다고 옮겨 본 gelebt werden 역시 곤란한 용법이다. 대상의 본질이
   Gewesensein임에 반하여 존재는 다만 현재에 산다는 뜻을 강조하기 위함인
   것 같다.

그러나 사람들이 상상하고 가정하고 선전하는 '그것 – 인간성 (Es – Menschheit)'은 한 사람의 진정으로 '너'라고 부르는 생생한 인간성과는 전혀 별개의 것이다. 아무리 고상한 허구라도 그것은 하나의 주물(呪物, Fetisch)이며, 아무리 숭고한 것이라도 허구의 상념은 하나의 악덕이다. 이념은 우리의 머릿속에 깃들어 있는 것도 아니고 머리 위에 군림해 있는 것도 아니다. 그것은 우리 사이를 헤매고 있으며 우리에게 다가오는 것이다. 그때 근원어 '나 – 너'를 끝내 말하지 못하는 사람은 불쌍한 사람이다. 이 근원어 대신에 이념을 향하여, 그것이 마치 그의 원이름이나 되듯이 개념이라든가 암호를 가지고 부르는 사람은 가련한 사람이다!

* * *

직접적인 관계가 마주 서 있는 존재에 대하여 어떤 작용을 가한다는 것은 저 세 가지 예 중의 하나에서 명백해진다. 즉 예술의 본질 행위는 형태가 작품이 되는 그 과정을 결정한다. 마주 서 있는 존재는 만남에 의하여 충실해지고, 그 만남을 통해서 사물의 세계로 들어선다. 무한히 작용을 계속하면서, 무한히 '그것'이 되고, 그러나 또한 무한히 다시 '너'가 되어 행복하게 해주고 격려해 주기 위해서다. '그것'은 '형체화된다(sich verkörpern)'. 즉 그의 몸은 공간도 시간도 없는 현재의 흐름으로부터 벗어나 존재 (Bestand)의 기슭에 오르는 것이다.

'너'가 사람일 경우에는 관계에 대한 작용의 의미는 그렇게 분명한 것이 아니다. 이 경우에 직접성을 세우는 본질 행위는 보통 감정적인 것으로 이해되는 까닭에 잘못 인식되고 있다. 사랑의 형이상적이고도 초심리적인 사실에는 감정이 따르게 마련이다. 그러나 감정이 사랑의 사실을 만드는 것은 아니다. 그리고 사랑의 사실에 따르는 감정은 매우 여러 갈래일 수가 있다. 귀신들린 사람에 대한 예수의 감정과 사랑하는 제자에 대한 그의 감정[18]은 다른 것이다.

그러나 사랑은 하나다. 감정은 '소유'되지만 사랑은 생겨난다. 감정은 사람 안에 깃들지만 사람은 사랑 안에서 살아간다.[19] 이것은 비유(Metapher)가 아니라 현실(Wirklichkeit)이다. 즉 사랑은 '나'에 집착하여 '너'를 단지 '내용'이라든가 대상으로서 소유하는 것이 아니다. 사랑은 '나'와 '너' '사이(zwischen)'에 있다. 이것을 모르는 사람, 곧 그의 존재를 기울여 이것을 깨달은 사람이 아니면 비록 그가 체험하고, 경험하고, 향수(享受)하고, 표현하는 감정을 사랑에 돌린다 하여도 그는 사랑을 모른다. 사랑이란 하나의 우주적인 작용(welthaftes Wirken)[20]이다.

그러므로 사랑 안에 있으며 사랑의 입장에서 보는 사람에게는

---

18) 〈마태복음〉 8장 28~34절, 17장 14~18절 참조.
19) 여기서 부버는 지금까지 철학이나 종교학에서 다루어 온 감정과 사랑의 문제를 그 나름으로 명백히 밝히고 있어 흥미롭다.
20) 영역본의 Love is a cosmic force를 따른 번역이다.

모든 사람들이 그들의 분주한 삶의 혼란에서 해방되어 선한 자나 악한 자, 슬기로운 자나 어리석은 자, 아름다운 자나 추한 자, 모두가 잇따라 산 현실로 나타나며, 그들 하나하나가 모두 자유로운 독자적인 존재로서 '너'가 되어 그 사람과 마주 서게 된다. 놀랍게도 그때마다 배타성이 나타나지만—— 그때야 비로소 사람은 활동하고 도와주고, 고쳐 주고, 키워 주고, 높여 주고, 구원해 줄 수 있다. 사랑이란 한 사람의 '너'에 대한 한 사람의 '나'의 책임이다. 이 점에 그 어떤 감정에도 있을 수 없는 것, 곧 모든 사랑하는 사람들에게 있는 한결같음이 있다.

그리고 이 한결같음은 지극히 작은 사람으로부터 지극히 큰 사람에 이르기까지, 또한 사랑하는 사람의 삶 가운데에 자신의 삶이 보호되어 행복하게 살고 있는 사람으로부터 한평생을 이 세상의 십자가를 지고 가면서도 〈사람들을〉 사랑한다'고 하는 엄청난 일을 할 수 있으며, 또 감히 하려고 마음먹는 사람에 이르는 모든 사랑하는 사람에게 한결같이 나타나는 것이다.

제3의 예, 즉 피조물과 피조물에 대한 우리의 관조(觀照)에 있어서의 관계 작용의 의미는 비밀로 남겨 두기로 하자. 생명이 가지고 있는 소박한 마술을 믿으며, 만물 가운데 살아 있는 봉사를 믿자. 그러면 피조물의 저 기다림, 내다봄, 저 '목이 빠지도록' 기다리는 뜻을 그대는 분명히 알게 될 것이다. 모든 말은 속일 수도 있다. 그러나 보라. 그대의 주위에는 존재자들이 살고 있으며, 그대는 어딜 가든지 언제나 존재자를 만나게 되는 것이다.

* * *

관계는 상호성이다. 내가 나의 '너'에게 영향을 주듯이 나의 '너'는 나에게 영향을 미친다. 우리의 제자들이 우리를 가르쳐 주며 우리의 작품들이 우리를 세워준다. '악한 자'라도 저 성스러운 근원어에 접하면 그의 진실을 드러내게 된다. 참으로 우리는 어린이들이나 동물들에게서도 배울 것이 있다! 우리는 도도히 흐르는 '일체-상호성' 가운데 신비하게 포괄되어 살고 있는 것이다.

* * *

──그대는 사랑이 마치 사람 사이의 유일한 관계인 것처럼 말한다. 그러나 마음이라는 것도 있으므로, 그대가 비록 다만 그의 한 예로서라고는 하지만 사랑을 택한 것은 공정한 일일까?

──사랑이 '맹목(盲目)'인 동안에는, 즉 사랑이 한 존재의 '전체'를 보지 못하는 동안에는 아직도 참으로 관계의 근원어 아래 있는 것이 아니다. 미움은 그의 본성을 따라 언제까지나 맹목이다. 사랑은 다만 존재자의 일부분을 미워할 수 있을 뿐이다. 어떤 존재자의 전체를 보고서도 그 존재를 거부하지 않을 수 없는 사람은 이미 미움의 영역에 있지 않으며 '너'라고 말할 수 있는 능력(Dusagenkönnen)'의 인간적 제한의 영역에 있는 것이다.

28

사람에게는 자기와 마주 서 있는 사람에 대하여, 말을 건네받는 상대방의 존재에 대한 긍정이 언제나 그 안에 포함되어 있는 저 근원어를 말할 수 없는 경우가 있으며, 상대방이 아니면 자기 자신을 거부할 수밖에 없는 경우가 있다. 이때 사람은 '관계를 맺는 일(In – Beziehung – treten)'의 상대성을 인식하게 되는 울타리 앞에 서게 되며, 이 울타리는 관계를 맺는 일의 상대성이 지양될 때에 비로소 철거된다.

그렇지만 직접 미워하고 있는 사람은 사랑도 미움도 없는 사람보다 관계에 보다 가까이 있다.

* * *

그러나 우리의 세계에서는 모든 '너'가 '그것'으로 되지 않을 수 없다는 것이 우리의 운명(Los)이 지닌 숭고한 우수(憂愁)다. 아무리 배타적으로 '너'가 직접적인 관계 속에 현전해 있었다 하더라도 이 직접적인 관계의 힘이 다했거나 또는 매개물이 파고들어오면 그것은 여러 대상들 중의 하나가 되고 만다. 비록 그것이 제아무리 고상한 대상이 된다 하더라도 역시 여러 대상들 가운데 하나에 지나지 않으며, 척도(尺度)와 한정(限定) 가운데 있게 되는 것이다. 예술 작품에서도 어떤 것을 실현하는 것(Verwirklichung)은 다른 의미에서는 그의 현실성을 앗아가는 일(Entwirklichung)이 된다. 순수한 직관은 순간적이다. 상호작용의 비밀 속에서 방금 나에게 열려진 자연의 존재는 이제 다시 기술될 수 있고, 분석될 수 있으며 분류될 수 있는 것이 되며, 무수한 법칙의 교차점이 되고 만다.

그리고 사랑 자체도 직접적인 관계에 언제까지나 머물러 있지 못한다. 사랑은 지속된다. 그러나 현실성(Aktualität)과 잠재성(Latenz)의 엇바뀜을 통해서이다. 바로 지금까지도 유일한 존재로서 한갓된 성질의 소유자나 대상적으로 존재하고 있지 않았던 사람, 경험할 수 있는 것이 아니라 오직 현전하고 있으며, 오직 접촉할 수밖에 없었던 사람도 이제 다시 하나의 '그' 또는 '그 여자'가 되고, 여러 가지 특성의 총화요, 어떤 형체를 갖춘 하나의 양(量)이 되고 마는 것이다. 이때에 나는 그 사람으로부터 다시 그의 머리카락 색깔, 그의 말하는 투, 그의 품위의 색깔을 끄집어 낼 수가 있다. 그러나 내가 그렇게 할 수 있는 한, 그는 이미 나의 '너'는 아니며 또한 다시는 나의 '너'가 되지 못한다.

이 세상에 있는 모든 '너'는 그의 본질상 '사물'이 되거나, 다시금 '사물성(Dinghaftigkeit)'으로 돌아가게 되어 있다. 객관적으로 말하자면, 이 세상에 있는 모든 것은 사물이 되기 전에, 또는 '사물'이 된 후에 하나의 '나'에게 그의 '너'로서 나타날 수 있는 것이라고 하겠다. 그러나 이러한 객관적인 말은 참된 삶의 어느 한 모서리를 잡은 데 지나지 않는 것이다.

'그것'은 영원한 번데기요, '너'는 영원한 나비이다. 다만 이 둘은 언제나 서로 명확하게 분리되는 상태가 아니라 때로는 깊은 이중성 가운데서 어지러이 뒤얽혀서 일어나는 하나의 사건인 것이다.

* * *

처음에 관계가 있다.

'원시인들', 곧 그들이 상대한 대상은 아직 얼마 되지 않고, 강한 현재적 행동으로 채워진 좁은 둘레 안에서 살아온 저 민족들의 언어를 생각해 보자. 이 언어의 원형질, 즉 문장 기능을 가진 낱말(Satzwort)[21]이라든가, 문법 이전의 근원적인 구문(Urgebild)은──이것이 갈라지면서 여러 가지 품사가 생긴다──대체로 하나의 관계의 전체성을 나타낸다. 우리는 '저 멀리'라고 말한다. 줄루(Zulu)[22]인은 그렇게 말하는 대신에 '어떤 사람이 〈아, 엄마, 길을 잃었어요!〉 라고 외치는 곳'이라는 뜻을 가진 하나의 낱말 문장으로 나타낸다. 또 푸에고(Fuego)[23] 섬의 토인들은 일곱 개의 음절로 된 하나의 낱말 문장으로써 그 정확한 뜻

---

21) Satzwort: 원시어에 흔히 나타나는 것으로, 단어 하나가 하나의 문장이 나타내는 뜻을 포함하고 있다. 아래에서 낱말 문장이라고 옮겼다.

22) Zulu: 남아프리카의 나탈 지방에 살고 있는 호전적인 원주민. 19세기 초에 그들의 추장 차카(Chaka)에 의하여 군대 같은 전제왕국이 세워진 일이 있다. 반추어족에 속한다.

23) Fuego: 스페인어로 Tierra del Fuego(불의 땅이란 뜻). 1520년 마젤란이 발견한 군도(群島)로 남아프리카 남단에 있으며 이곳의 원주민은 극히 원시적이다.

이 "두 사람이, 원하고는 있지만 자기로서는 하고 싶지 않은 일을 상대방이 하겠다고 나서기를 바라면서 서로 바라보고 있다"고 하는, 우리의 분석적인 지혜를 능가하는 표현을 하고 있다. 여기서는 명사나 대명사로 될 인격들은 아직은 부조(浮彫)처럼 두드러져 있을 뿐 완전한 독립성을 가지지 못한 채 하나의 전체성 가운데 깊이 묻혀 있다. 여기서 중요한 것은 분석이나 성찰의 산물이 아니라 참된 근원적 통일이며, 살아 있는 관계[24]인 것이다.

우리는 우리와 만나는 사람들에게 인사하면서 그들의 행복을 빌기도 하고 경의를 표하기도 하며, 또는 하나님의 축복을 기원하기도 한다. 그러나 이 닳고닳은 형식적인 말은['안녕(Heil)'이라는 인사말에서 우리는 아직도 그것에 근원적으로 딸려 있던 힘의 부여를 느끼는지!] '나는 너를 본다!'고 하는 케퍼(Kaffer)[25]사람들의 저 영원히 젊은, 신체적인 관계의 인사말이나, 또는 이 말의 우스꽝스럽고도 미묘한 변형인 아메리카 원주민의 '내 냄새를 맡아라!'는 인사말에 비하면 얼마나 간접적인 것일까!

여러 가지 관계[26]나 개념뿐 아니라 사람이나 사물에 관한 표상은 관계의 사건이나 관계의 상태에 관한 표상들로부터 이끌어 내

---

24) die gelebte Beziehung, 영역본 the lived relation의 번역이다.
25) Kaffer: 남아프리카의 반추어족에 속하는 원주민. 때로는 줄루인을 포함해서 말하기도 한다. 케퍼족은 키가 크고 강건하며, 목축과 농업에 종사하고 있다.
26) 이 역본의 대본으로 삼은 Lambert Schneider판(1954)에는 Beziehungen으로 되어 있고, 그 이전 판에서는 Bezeichnungen(기호, 명칭)으로 되어 있어 이를 취하는 연구가들이 있으며 이편이 문맥상 옳은 것 같다. 그러나 여기서는 대본을 따랐다.

어진 것이라고 추측해도 좋다. '자연인'의 원시적이며 정신을 일깨워 주는 인상이나 감동은 관계의 사건, 즉 마주 서 있는 존재(ein Gegenüber)의 체험, 그리고 관계의 상태, 즉 마주 서 있는 존재와 함께하는 삶에서 일어나는 것이다. 자연인은 그가 밤마다보는 달에 대해서, 그 달이 자거나 또는 깨어 있는 그에게 살아있는 육체로 다가와 그를 가까이 하고, 몸짓으로 그를 매혹하거나 그의 몸을 어루만짐으로써 불쾌한 것이든 감미로운 것이든 간에 무슨 짓을 하기 전까지는 아무 생각도 하지 않는다. 이런 일로부터는 자연인은 운행하는 빛의 원반이라고 하는 달의 시각적인표상을 얻거나 어떻게 해서 그 빛의 원반에 살고 있다는 마력적(dämonisch)인 존재의 표상을 얻는 것도 아니다. 그런 것이 아니라 다만 처음에는 저 달의 작용의 동적인, 몸을 꿰뚫고 흐르는 '자극상(刺戟像, Erregungsbild)'만이 그에게 남게 되고, 이 자극상으로부터 비로소 서서히 작용해 오는 달이라는 인격상(人格像)이 떨어져 나오는 것이다. 즉 이때 비로소 밤마다 찾아온 알수 없었던 존재의 기억으로부터 그러한 작용을 하는 자이면서 또한 그 작용을 날라다 주는 자라고 하는 표상이 생기기 시작하고그것의 대상화, 즉 본래 경험의 대상이 아니며 다만 수동적으로받아들여졌던 '너'가 '그' 또는 '그 여자'로 되는 대상화가 가능해지기 시작한다.

모든 본질적 현상이 지니는 이러한 원초적이고도 오래 계속해서 작용하는 관계의 성격을 안다면, 현재의 연구에 의하여 크게 주목받고 논의되고 있지만 아직도 충분히 파악되지 못한 원시인의 삶의 정신적인 요소를 보다 쉽게 이해하게 될 것이다. 이 신비한 힘의 개념은 많은 원시 민족의 신앙 상태나 지식(그들에게 이 둘은 아직 하나로 되어 있다) 가운데서 여러 가지 변화된 모습으로 발견되어 왔다. 저 마나(Mana)[27]라든가 오렌다(Orenda)[28]로부터, 본래적인 의미에서의 브라만(Brahman)[29]으로, 그리고 더 나아가서 마법을 기록해 놓은 파피루스(Papyrus) 문서[30]나 사도(使徒)들의 편지에 나오는 뒤나미스(Dynamis, 권능)[31]라든가 카리스(Charis, 은혜)[32]에까지 미치고 있다. 사람들은 이러한 신비

---

27) Mana: 멜라네시아 군도(오스트레일리아의 동북)의 토어(土語)로서 '이긴다', '힘 있는' 따위의 뜻을 가지고 있다. 코딩튼(P.H. Cordington)의 멜라네시아 원주민에 관한 보고에 의하여 막스 뮐러(M. Müller)가 확정한 원시종교의 특질로서 오늘날 일반적으로 알려져 있는 낱말이다. 이 마나는 사람이나 사물에 깃드는 힘과 그의 활동성을 뜻한다. 단순한 물질적 힘이 아니라 특정한 경우에 발휘되는 신성하고도 비합리적인 힘(Numinose)을 뜻한다.

28) Orenda: 원래 뉴욕 주에 살고 있던 아메리카 원주민이 가졌던 원시종교 관념으로 '마나'와 마찬가지로 비인격적인 비상한 힘, 즉 '마력', '영력'을 뜻한다.

29) Brahman: 인도의 브라만 계급에 작용하는 특별한 힘을 가리키는 산스크리트어로 '거룩한 힘'이라는 뜻이 있다. 처음에는 희생의 제사를 드릴 때, 사제(司祭)에 의하여 외워진 주문이었던 것이 인도인의 사색이 깊어짐에 따라 희생의 제사에 효험을 주는 힘의 관념으로 바뀌고 더 나아가 그 자체로서 존재하는 '우주의 최고 원리', '본체', '유일자', '창조자'를 일컫게 되었다.

30) 파피루스 문서: 마술이나 주술이 성했던 이오니아의 도시 에베소에 특히 널리 퍼져 있던 파피루스 지(紙)로 된 마술 문서(〈사도행전〉 19장 19절 참조).

31) Dynamis: 그리스어로 '힘'이라는 뜻. 카리스와 함께 하나님이 사람에게 주는 여러 능력을 가리킨다.

32) Charis: 초기 그리스도교에서 '하나님의 은혜'라는 뜻으로 사용된 그리스어. 신약성서에서는 이 카리스에 의하여 사람에게 카리스마(Charisma, 하나님의 은사)의 역사가 일어나는 것으로 되어 있다.

한 힘을 일종의 초감각적이며 초자연적인 힘이라고 불렀다.

그러나 이 두 가지는 우리의 범주에서 나온 것이며, 원시인의 그것으로는 적합한 것이 아니다. 원시인의 세계는 신체적 체험에 국한되어 있으며, 이를테면 죽은 사람이 찾아오는 것도 극히 '자연스러운' 체험에 속한다. 감각될 수 없는 것을 현존하는 것으로 받아들인다는 것은 원시인에게는 아마도 틀림없이 이치에 안 맞는 일로 여겨질 것이다. 원시인이 '신비한 힘'에 돌리고 있는 여러 가지 현상은 모두 근원적인 관계 사건, 즉 그의 신체를 자극하고 하나의 자극상을 그의 안에 남겨 두고 가기 때문에 그가 괴로워하는 사건인 것이다. 그러므로 밤이면 그에게 찾아와 고통이나 환희를 주는 달이나 죽은 사람은 이러한 힘을 가지고 있는 것이다.

뿐만 아니라 또한 그를 검게 태우는 태양도, 그를 보고 짖어대는 짐승도, 눈초리로써 무리들에게 복종을 강요하는 추장도, 노랫가락으로 힘차게 사냥에 나가게 하는 무당(Schamane)[33]도 그러한 힘을 가지고 있는 것이다. 마나란 바로 저 높이 하늘에 있는 달의 의인격(擬人格, Mondperson)을 피를 끓게 하는 '너'로 만든 작용하는 힘인 것이다. 그리고 기억에 새겨진 이 마나의 흔적은 저 자극상으로부터 상대방의 대상상(對象像, Gegen-standsbild)이 떨어져 나갔을 때에도 여전히 남아 있었던 것이

---

33) 무당: 동아시아(한국, 만주, 시베리아)의 원시 종교 형태로서, 무당(무녀)은 제의(祭儀)를 돌보고 광란의 춤을 추며 풍요를 위한 기도라든가 의술 따위를 행한다.

다. 비록 마나 자체는 하나의 작용을 하는 자이면서 또한 그 작용을 날라다 주는 자로밖에는 결코 나타날 수 없을지라도, 따라서 이 마나는 사람이 그것을, 이를테면 하나의 불가사의한 돌 속에 가지고 있으면 그 자신도 그와 똑같은 힘을 나타낼 수 있는 힘인 것이다. 원시인의 '세계상(世界像)'이 마술적인 까닭은 단지 사람의 마술적인 힘이 그 중심을 차지하고 있기 때문이 아니라, 이 힘이 모든 본질적인 작용이 거기서 발생하는 보편적인 마술적 힘의 하나의 특별한 변종에 지나지 않기 때문이다.

원시인의 세계상에 있어서 인과율은 연속체(Kontinuum)를 이루고 있지 않다. 그것은 언제나 새롭게 번개치고 분출하여 만들어 내는 힘이며, 연관 없이 일어나는 화산의 운동과 같은 것이다. 마나는 하나의 원시적인 추상(抽象)이며, 아마 수(數)보다 더 원시적이지만 그러나 그것보다 더 초자연적인 것은 아니다. 기억은 훈련이 되면서 여러 가지 중대한 관계 사건들, 원초적인 충격들을 정리한다. 이때 가장 강하게 전면에 나타나고 두드러지며 홀로 떨어져 서는 것은 자기보존 본능에 가장 중요한 것과, 인식 본능에 가장 두드러진 것, 즉 바로 저 '작용하는 힘'이다.

한편 여러 가지 체험 중에서도 그렇게 중요하지 않은 것, 공통성이 없는 것, 무상하게 뒤바뀌는 '너'는 뒤로 물러서서 기억 속에 따로 떨어져 있다가 차차 대상화되며, 그리하여 아주 서서히 유(類)라든가 종(種)으로 분류된다. 그리고 제3의 것으로서 이 분리 중에서 소름끼치게, 때로는 죽은 사람이나 달보다 더 무시

무시하게 그러나 언제나 틀림없이 뚜렷하게 드러나는 또 하나의 것, 즉 '언제나 한결같은' 반려가 되는 '나'가 나타나는 것이다.

　자기보존 본능이나 그 밖의 여러 본능의 원초적 활동에는 '나' 라는 의식은 부수되어 있지 않다. 이 단계에서는 생식에 의하여 자기를 보존하려고 하는 것은 '나'가 아니라 아직도 '나'라는 것을 모르는 신체이다. 여기서는 도구나 장난감 같은 물건을 만들려고 하며 그것의 창시자가 되려고 하는 것은 '나'가 아니라 신체이다.

　또한 원시적인 인식 기능 안에는 "나는 안다. 그러므로 나는 존재한다(Cognosco, ergo sum)"[34]는 아직 소박한 형태로서도 찾아볼 수 없다. 경험의 주체에 관한 개념화를 여기서는 어린애 다운 모습으로도 찾아볼 수 없다. '나'는 원초적 체험의 분열, 곧 '나에게 작용하고 있는 너(Ich - wirkend - Du)', '너에게 작용하고 있는 나(Du - wirkend - Ich)'라고 하는 생명에 넘치는 시원 어(始源語)의 분열로부터 이 '작용하고 있는'이라는 분사가 명사 화(名詞化)되고 실체화된 다음에야 비로소 단독적인 요소로 나 타나는 것이다.

＊ ＊ ＊

　두 개의 근원어의 기본적인 차이는 원시인의 정신사에 밝게

---

34) 데카르트의 "cogito, ergo sum"과 같다.

드러나 있다.[35] 즉 원시인은 원초적인 관계 사건에서 이미 근원어 '나-너'를 자연스럽게, 말하자면 전형태적(前形態的)으로, 즉 자기를 '나'로 인식하기도 전에 말하고 있는 것이다. 한편 근원어 '나-그것'은 모름지기 자기를 '나'로서 인식함으로써, 즉 '나'의 분리에 의하여 비로소 가능해지는 것이다.

첫째 근원어도 물론 '나-너'로 분해될 수가 있다. 그러나 그 것은 '나'와 '너'를 합해서 생긴 것이 아니다. 그것은 '나'보다 앞 서는 것(vorichhaft)이다. 둘째 근원어는 '나'와 '그것'을 합해서 생긴 것이다. 이것은 '나'보다 뒤서는 것(nachichhaft)이다.

원시적인 관계 사건은 배타적이기 때문에 거기에는 '나'가 포 함되어 있다. 즉 원시적인 관계 사건에서는 그것의 본질상 두 상 대자, 곧 사람과 그와 마주 서 있는 존재만이 그의 완전한 현실성 에서 존재하고 있으며, 세계는 양자(兩者)의 대응적인 체계로 되 기 때문에 사람은 거기서 아직은 자기를 깨닫지 못하면서도 벌써 '나'의 저 우주적인 격정(Pathetik)을 느끼는 것이다.

이와 반대로 근원어 '나-그것', 즉 자기 본위의 경험으로 넘 어가게 되는 자연적 사실 속에는 나는 아직도 포함되어 있지 않 다. 이러한 사실은 그의 여러 가지 감각을 지니고 있는 사람의 신 체가 그의 환경 세계와 두드러지게 다르다는 것을 말해 준다. 신 체는 이러한 그의 독특한 조건 아래서 자기를 알게 되고 구별하

---

35) 이 대목에서 부버는 사람의 자아 또는 자아 의식의 생성을 근원어의 관점으 로부터 해명하면서, 근대 철학에 대한 비평을 가하고 있다.

게 된다. 그러나 이것은 어디까지나 순전한 병렬적인 구별에 지나지 않으며 따라서 이 구별 안에 들어 있는 '나'의 성격을 가질 수가 없는 것이다.

그러나 관계 속에 있는 '나'가 의식의 전면(前面)에 나타나고 따로 떨어져 존재하게 되면, 이 '나'는 이상하게 얇아지고 기능화되면서 신체가 그의 환경 세계와 두드러지게 다르게 나타나는 자연적 사실 속에까지 들어가 거기에 있는 '나다움(Ichhaftigkeit)'을 일깨워 준다. 이때 비로소 의식적으로 '나'라고 하는 행위(Ichakt), 곧 근원어 '나-그것'의 최초의 형태와 자기 본위 경험의 최초의 형태가 이루어질 수 있다.

즉 이미 의식의 전면에 나와 있던 '나'가 자기를 여러 가지 감각을 지니고 있는 자로, 그리고 환경 세계를 자기 감각의 대상으로 선언하는 것이다. 이 일은 물론 여전히 '원시적'인 형태로 이루어지며 '인식론적'인 형태로 이루어지는 것은 아니다. 그러나 '나는 나무를 본다'는 문장이 이미 '사람-나'와 '나무-너'의 관계를 말하는 것이 아니라 '사람-의식'에 의한 '나무-대상'의 지각을 규정하는 것으로 말하여질 때, 이 문장은 이미 주체(Subject)와 객체(Object) 사이에 울타리를 친 것이며 근원어 '나-그것', 즉 분리의 말이 말해진 것이다.

* * *

　──그렇다면 과연 우리의 운명이 지니고 있는 저 우수(憂愁)
는 태고에 이루어진 것일까?

　──어쩌면 그때 이루어진 것인지도 모른다. 사람의 의식적인
삶이 태고에 이루어진 것인 한. 그러나 이 의식적인 삶에서는 세
상의 존재는 다만 인간적인 생성으로서만 되풀이되는 것이다. 정
신은 시간 안에서 자연의 산물로서, 그나마 자연의 부산물로서
나타난다. 하지만 그럼에도 불구하고 정신은 바로 자연을 무시간
적으로 에워싸고 있는 것이다.

　두 근원어의 대립은 그 시대와 세계에 따라서 여러 가지 이름
으로 불려 왔다. 그러나 그의 이름 없는 진리에 있어서의 대립은
태초부터 있었던 고유한 것이다.

* * *

　──그렇다면 그대는 인류 역사의 최초에는 낙원이 있었다고
믿는가?

　──아니다. 그것은 하나의 지옥이었을지도 모른다 ──그리
고 내가 역사적인 고찰에 의하여 시간을 거슬러 올라갈 수 있다
해도 거기에는 틀림없이 분노와 불안과 고통과 참혹으로 가득 차
있다── 그러나 그것은 비현실적인 세계는 아니었다.

40

원시인들(Urmensch)의 만남의 체험은 확실히 상냥하고 유쾌한 것은 아니었다. 그러나 실제로 체험한 존재에 대한 폭력은 얼굴도 없는 숫자에 대한 유령 같은 배려보다는 낫다! 전자(前者)로부터는 신(神)에게 이르는 길이 열리지만, 후자로부터는 오직 허무로 떨어지는 길이 열릴 뿐이다.

* * *

비록 우리가 원시인의 생활을 완전히 해명할 수 있다 하더라도, 그것은 진정한 인류의 시조의 생활을 오직 비유적으로 보여줄 수 있을 뿐이며, 따라서 두 근원어의 시간적인 관련을 흘깃 보여줄 뿐이다. 우리는 어린이의 생활에서 보다 완전한 지식을 얻는다.

어린이의 생활을 볼 때 밝히 드러나는 것은 두 근원어에 의하여 일어나는 정신적 실재성이 하나의 자연적 실재성에서 생긴다고 하는 것이다. 즉 근원어 '나-너'의 정신적 실재성은 자연적 결합에서 생기며, 근원어 '나-그것'의 정신적 실재성은 자연적 분리에서 생기는 것이다.

어린 아이의 출생 이전의 생명은 하나의 순수한 자연적 결합이며, 상호 유통이요 신체적인 상호 작용이다. 그러나 이때 생성 중에 있는 존재의 삶의 지평은 그것을 잉태하고 있는 이의 삶의 지평에 독특한 방법으로 기입되어 있는 것 같지만, 그러나 또한

41

기입되어 있지 않는 것 같기도 하다. 왜냐하면 태아의 생명은 사람인 어머니(Menschenmutter)의 태 안에서만 안주하고 있는 것이 아니기 때문이다. 태아가 살고 있는 이와 같은 결합성은 이렇듯 우주적인 것이어서, 저 유대 신화에서 "사람은 어머니의 태 안에 있을 때에는 우주를 알고 있지만 태어나면서 그것을 잊어버린다"고 할 때, 태고의 비명(碑銘)을 불완전하게 해독한 것 같은 느낌이 들 정도다. 그리고 이러한 결합은 사람 안에 은밀한 소원의 형상(Wunschbild)으로 남아 있게 된다. 그러나 이러한 그리움은 어떤 퇴행욕구(退行欲求)[36] 같은 것을 뜻하는 것은 아니다.

이와 같은 잘못된 생각은 정신(Geist)을 지성(Intellekt)과 혼동하여 정신을 자연의 기생물로 보는 사람들의 것이다. 차라리 정신은 자연의 정화(精華)이다——다만 이 꽃은 여러 가지 병에 내맡겨져 있음이 사실이지만. 오히려 인간의 그리움은 정신에로 눈을 뜬 존재자가 자기의 참된 '너'와 우주적으로 결합하려고 하는 것이다.

태 안에서 생성되고 있는 모든 어린아이는 다른 모든 생성 중에 있는 존재자가 그렇듯이 위대한 어머니의 태 안에서 쉬고 있다. 즉 미분화(未分化)된, 형태를 갖추기 이전의 원세계(原世界, Urwelt)의 커다란 태 안에서 쉬고 있다. 어린 아이는 모태에서 떨어져 나와 개인의 삶으로 들어선다. 그러고서는 오직 어두운

---

36) 퇴행욕구(Zurückverlangen): 다시 한 번 태아가 되어 모태로 되돌아가려는 욕구.

밤에 우리가 이러한 개인의 삶에서 빠져나올 때에만(이것은 물론 건강한 사람에게도 밤마다 일어난다) 우리는 다시 그 원세계로 가까이 갈 수 있을 뿐이다. 그러나 저 원세계로부터 떨어져 나오는 것은 육신의 어머니에게서 떨어져 나오듯이 급격하고 결정적으로 일어나는 것은 아니다. 상실되어 가는 세계와의 자연적 결합이 세계와의 정신적 결합, 즉 관계로 바뀔 때까지 어린아이에게는 유예 기간이 주어져 있다. 어린 아이는 작열하는 혼돈(Chaos)의 어두움에서 나와 서늘하고 밝은 창조의 세계로 들어선다. 그러나 그 세계는 아직도 그의 것이 아니다. 그는 그것을 우선 참으로 올바로 이끌어 내야 하며 자기의 현실이 되게 하지 않으면 안 된다.

즉 그는 자기의 세계를 바라보고, 듣고, 만져 보고, 형성해 가지 않으면 안 되는 것이다. 창조의 세계는 만남에서 그 모습을 드러낸다. 그것은 기다리고 있는 감각에 부어져 엉기는 것이 아니라, 파악하려고 하는 감각 앞에 마주 나타난다. 성숙한 사람에게는 익숙한 대상으로서 그의 주위에서 노닐고 있는 것도 어린아이로서는 애써서 획득되고 구애(求愛)되지 않으면 안 되는 것이다. 거기서는 어떠한 사물도 경험의 한 기성 요소가 아니며, 어떤 것도 상대와 서로 마주 서서 상호 작용을 하는 힘 속에서가 아니면 자신을 열어 보이지 않는다. 원시인과 마찬가지로 어린아이는 잠과 잠 사이에서(깨어 있을 때의 대부분도 역시 잠이다) 만남의 섬광과 그 반사광 속에서 살고 있는 것이다.

관계를 맺으려는 노력의 근원성은 이미 아주 어린 몽롱한 단계에서 나타난다. 아직 낱낱의 사물을 지각할 수 있기도 전에 어린아이의 약한 눈초리는 희미한 공간을 바라보며 어떤 막연한 것을 보려고 한다. 그리고 분명히 젖을 먹고 싶은 생각이 없을 때에는 보드라운 두 손을 짐작컨대 아무 목적도 없이 공간에 내밀고 어떤 막연한 것을 찾고 붙잡으려고 한다. 이것을 동물적인 것이라고 말할 수도 있다.

그러나 그래 가지고는 아무것도 이해한 것이 못 된다. 왜냐하면 바로 이 유아의 눈초리는 오랫동안 이리저리 더듬다가 붉은 양탄자의 무늬에 머물게 되고, 붉은 색깔의 혼이 그의 눈초리 앞에 모습을 드러낼 때까지는 거기서 떠나려 하지 않기 때문이다. 또 어린아이의 이 손놀림은 더부룩한 장난감 곰을 만짐으로써 자기의 감각형식과 과정을 획득하게 되며, 그리하여 하나의 완전한 몸 형체를 사랑스럽고 잊을 수 없는 것으로 알아차리게 되는 것이다.

이 두 가지 일들은 어떤 대상을 경험한 것이 아니라 하나의——물론 오직 '환상(Phantasie)' 속에서이긴 하지만—— 살아서 작용해 오는 마주 선 자와의 맞부딪침인 것이다(그러나 이 '환상'은 결코 '만물영유화(萬物靈有化, Allbeseelung)'[37]는 아니다. 그것은 만물을 '너'로 만드는 충동이며 만물과의 관계를 구하

---

37) 만물영유화: 우주 만물에 생명을 부여한다는 뜻. 영역에서는 panpsychism 으로 옮기고 있는데 만물에는 영 또는 마음이 있다는 생각이다.

는 충동이다. 이 충동은 살아서 작용해 오는 마주 선 자가 없고
오직 그의 모상(模像)이나 상징만이 주어져 있을 때에는 그 자신
의 충만함으로써 그 산 작용을 채워 넣는다). 아직은 작은, 마디
가 분명치 않은 소리가 뜻도 없이 지치지도 않고 허공에 울려퍼
진다. 그러나 바로 이 소리는 그 어느 날 문득 대화로 바뀌어 있
을 것이다. 도대체 무엇과의? 어쩌면 부글부글 끓고 있는 차 주
전자와의 대화일지도 모른다.

그러나 그것은 대화가 되어 있는 것이다. 반사운동(Reflex)이
라고 하는 수많은 운동은 인격의 세계를 지을 때에 사용되는 튼
튼한 흙손이다. 어린 아이는 결코 먼저 어떤 대상을 지각한 후에
그것과 관계를 맺는 것이 아니다. 처음에 있는 것은 관계를 맺으
려는 노력이며 마주 서 있는 존재가 그 안으로 굽혀 들어오는 저
아치 모양을 한 손이다. 그 다음에 마주 서 있는 것과의 관계, 곧
'너'라고 말하는 것(Dusagen)의 말없는 전형태(前形態)가 온다.
그러나 사물이 되는 것(Dingwerden)은 그 후의 산물이며——
'나'가 되는 것(Ichwerden)과 마찬가지로——근원적인 체험의
분열, 곧 맺어져 있던 상대와 분열되는 데 생기는 것이다. 처음에
관계가 있다. 관계는 존재의 범주(Kategorie), 준비, 파악의 형
식, 혼의 주형(鑄型)이다. 관계의 아프리오리(Apriori), 그것은
곧 '타고난 〈너〉(das eingeborene Du)'이다.

체험된 관계란 만나는 '너'에게 있어서 타고난 '너'가 실현되
는 것이다. '너'가 마주 서 있는 자로서 파악되고, 배타적으로 받

아들여지고, 마침내 저 근원어로 불릴 수 있다는 것은 관계의 아 프리오리에 그 바탕을 두고 있다.

접촉본능(Kontakttrieb, 어떤 다른 존재를 처음에는 촉각적으로, 다음에는 시각적으로 '접촉'해 보려는 본능)에 있어서 타고난 '너'의 힘은 곧바로 발휘되고, 그리하여 이 본능은 더욱더 뚜렷한 상호 접촉, 즉 '애정(Zärtlichkeit)'을 뜻하게 된다. 그러나 또한 나중에 나타나는 창작본능(Urhebertrieb, 사물을 종합적으로 만들어 내려는 충동, 또는 그렇지 못할 때에는 쪼개거나 찢음으로써 분석적으로 만들어 내려는 본능)도 타고난 '너'에 의하여 규정되어 있는 것이다. 그러므로 만들어진 것의 '의인화(Personifizierung)',[38] 곧 대화(Gespräch)가 생긴다. 어린아이의 정신 발달은 '너'에 대한 욕구, 즉 이 욕구의 충족과 환멸, 여러 가지로 시도해 본 놀이와 어쩔 수 없을 때의 비장한 진지함 같은 것들과 밀접한 관계가 있다.

이러한 현상의 진정한 이해는 그것을 좁은 영역에로 돌리려는 어떠한 시도로도 상처를 입게 된다. 그것은 오직 이러한 현상들을 관찰하고 밝히는 데 있어서 그의 우주적 – 초우주적 (kosmisch – metakosmisch)인 근원, 즉 이들이 미분화된, 형태를 갖추기 이전의 원세계로부터의 벗어남을 기억하고 있을 때에

---

38) 의인화(Personifizierung) : 초목, 금수, 산악, 바다, 강 같은 자연의 사물과 현상을 사람의 정신생활과의 유비(Analogie)에 의하여 이해하고, 사람과 자연 사이의 내적 관련성을 나타낸다.

만 촉진될 수 있는 것이다. 그 원세계로부터 어린 아이는 물론, 이미 하나의 육체적인 개체로 세상에 태어나기는 했어도 아직도 신체적으로 충실한 완전한 존재자가 된 것은 아니다. 오히려 어린 아이의 존재는 다름아닌 관계에 들어섬으로 해서 비로소 서서히 그 원세계로부터 벗어나며 발달해 가지 않으면 안 되는 것이다.

* * *

사람은 '너'에게 접함으로써 '나'가 된다. 마주 서는 자 (Gegenüber)[39]는 나타났다가 사라진다. 관계 사건은 농축되었다가 먼지처럼 흩어진다. 그리고 이러한 바뀜 속에서 그때마다 자라가면서도 언제나 동일한 것으로 머물러 있는 짝(Partner)에 대한 의식, 곧 '나'라는 의식이 뚜렷해진다. 물론 이 '나'라는 의식은 아직도 여전히 관계의 짜임 속에서만 나타난다. 즉 '너'에 대한 관계 속에서만 나타나며, '너'를 잡으려고 손을 뻗치지만 '너' 아닌, 식별될 수 있는 것으로 나타난다. 그러나 이 '나'라는 의식이 점점 세차게 나타나게 되면 마침내 '나'와 '너'의 맺어짐이 깨지고, '나'는 자기 자신, 곧 분리된 '나' 앞에 한순간 하나의 '너'

---

39) '나-그것'의 관계에 있어서의 상태를 나타내는 'Gegenstand(대상)'에 대하여 '나-너'의 관계에 있어서의 상대를 가리키는 부버의 용어. Gegenstand 는 17세기에 처음으로 라틴어 objekt의 독일어 번역으로 쓰이기 시작하여 오늘에 이르고 있지만, 전치사 gegenüber의 명사화인 Gegenüber는 프랑스어의 vis-á-vis를 흉내내어 19세기 초부터 비로소 쓰이게 된 말이다.

를 대하듯이 마주 서게 된다. 그러자 '나'는 곧 자기 자신에 대한 소유권을 얻게 되고, 그때부터 자기 자신을 의식하면서 관계에 들어서게 되는 것이다.

그런데 이때 비로소 또 하나의 근원어가 짝지어진다. 왜냐하면 지금까지 관계의 상대였던 '너'는 점점 쇠퇴해 왔지만 그러나 그로 인하여 곧바로 '나'의 '그것', 곧 결합되지 않은 지각이나 경험의 대상이 되어 버린 것은 아니기 때문이다. 그렇게 되는 것은 나중 일이고, 지금으로서는 '너'는 말하자면 그것 자체(Es für sich), 곧 처음에는 무시되는 것, 그러나 새로운 관계 사건 가운데서 소생할 것을 고대하고 있는 자가 된 것이다. 그리고 물론 육체(Leib)로 성숙해가는 몸(Körper)은 자기의 여러 가지 감각을 지닌 자(Träger)로서, 그리고 여러 가지 충동의 집행자로서 주위 환경으로부터 뚜렷이 구별되기는 했지만, 그것은 다만 몸이 자기의 올바른 처지를 찾은 병렬적인 구별일 뿐, '나'와 대상과의 절대적인 분리는 아니었다. 그러나 이제 분리된 '나'는 변하여 실체적인 충만으로부터 경험하고 이용하는 주체의 기능적인 점과 같은 것으로 수축되고 만다.

그리하여 모든 '그것 자체'로 향하고 그것을 내 것으로 삼아 그것과 자기를 짝지어 또 하나의 근원어를 만드는 것이다. '나'를 의식하게 된 사람, 즉 '나-그것'을 말하는 사람은 여러 가지 사물 앞에 서게 되지만, 그러나 상호작용의 흐름 속에서 그것들과 마주 서는 것은 아니다. 그는 말하자면 객체가 되게 하는 확대경을 가지고 낱낱의 사물을 자세히 들여다보거나, 아니면 객체가 되게 하는 쌍안경을 가지고 멀리 바라다봄으로써 그것들을 하나의 풍경이 되게 한다. 즉 어떠한 배타적인 감정도 없이 관찰함으로써 그것들을 고립시키거나 또는 우주적인 감정도 없이 관찰함으로써 결합시키거나 하는 것이다. 그러나 그는 배타적인 감정을 오직 관계에 있어서만 찾을 수 있으며, 우주적인 감정은 오직 관계로부터만 찾을 수 있을 것이다. 이제야 비로소 그는 사물을 여러 가지 특성의 총화로서 경험한다. 그 특성들은 물론 모든 관계 체험에서 생긴 것이며, 그 체험 속에서 상기(想起)된 '너'에게 속하는 것으로 그의 기억에 남아 있던 것이지만, 그러나 이제 비로소 사물은 여러 가지 특성들로 이루어진 것으로 사람에게 나타난다. 그리고 사람은 오직 관계의 기억으로부터 그 사람의 자질에 따라서 몽상적으로, 또는 형상적(形象的)으로, 또는 사색적으로 이 사물들의 핵심, 곧 '너' 안에서 강력하게 모든 특성을 포괄하면서 나타났던 핵심, 곧 실체(實體, Substanz)를 보완하고 있는 것이다.

그러나 이제 비로소 그는 또한 사물을 공간적 · 시간적 · 인과적 연관 속에 두며, 그리하여 이때 모든 사물은 자기의 위치와 경과와 측량 가능성과 제약성을 얻게 된다. '너'도 물론 공간 속에서 나타나지만 그러나 그 공간은 바로 배타적으로 마주 서 있는 상대자의 공간이며, 여기서는 다른 모든 것은 다만 '너'가 떠오르는 배경일 뿐, '너'를 구분하는 경계나 척도가 될 수는 없다. '너'

는 또한 시간 속에서 나타나지만 그러나 그 시간은 그 자체에 있어서 충분한 사건의 시간이다.

그리고 이 사건은 끊임없이 법칙적으로 잇따라 일어나는 사건의 고리의 한 토막으로서가 아니라 그 사건 자체에 의하여서만 그의 순수한 집중적 차원이 결정될 수 있는 하나의 '지속 (Weile)'[40]에서 살려지는 것이다. '너'는 또 작용을 하는 동시에 또한 작용을 받는 것으로 나타난다. 그러나 여러 가지 원인의 고리에 결부되어서가 아니라 '나'와의 상호작용 속에서 시간의 처음과 마지막으로 나타나는 것이다. 오직 '그것'만이 질서 있게 배열될 수 있다는 것, 이것은 인간 세계의 근본 진리의 하나다. 여러 사물은 우리의 '너'로부터 우리의 '그것'이 됨으로써 비로소 병렬적으로 배열될 수 있다. '너'는 병렬의 좌표계를 알지 못한다.

그러나 우리의 말이 여기까지 온 이상 또 하나의 것도 말할 필요가 있다. 이것을 말하지 않으면 아마 지금 말한 근본 진리의 하나는 쓸데없는 토막이 되고 말 것이다. 그것은 질서 지어진 세계 (geordnete Welt)가 세계 질서(Weltordnung)는 아니라는 것이다. 세계 질서를 현재로서 바라볼 수 있는 말없는 심연의 순간이 있다. 이때 홀연히 하나의 가락이 들려온다. 이 가락의 불가해한 악보가 질서 지어진 세계다. 이러한 순간들은 불멸이다. 그러나 또한 가장 덧없다. 그 순간들의 어떠한 내용도 보존될 수 없기 때

---

40) Bergson의 durée와 같은 뜻으로 사용하고 있다.

문이다. 그러나 그의 힘은 창조 활동과 사람의 인식 활동 속에 흘러들어가며 그의 힘의 번득임은 질서 지어진 세계 속으로 뚫고 들어가 그것을 몇 번이고 새롭게 녹여 만드는 것이다. 이것은 개인의 역사에서나 민족의 역사에서나 꼭 마찬가지다.

* * *

세계는 사람이 취하는 이중의 태도에 따라서 사람에게 이중적이다.

사람은 자기 주위의 존재를 지각한다. 즉 사물을 단순히 사물로서, 그리고 생명을 가진 실재(Wesen)를 사물로서 지각한다. 사람은 자기의 주위에서 일어나는 사건을 지각한다. 사건을 단순히 사건으로, 그리고 행위를 여러 가지 사건으로 지각하며, 여러 가지 특성으로 이루어진 사물, 여러 가지 계기로 이루어진 사건, 공간의 그물 속에 짜 넣어진 사물, 시간의 그물 속에 짜 넣어진 사건, 다른 사물이나 사건에 의하여 한정되고 그것들에 의하여 측량될 수 있고, 그것들과 비교될 수 있는 사물이나 사건들, 즉 질서 지어진 세계, 분리된 세계를 지각한다. 이 세계는 어느 정도 신뢰할 수 있으며, 밀도와 지속성을 가지고 있다. 우리는 그 조직을 조망할 수 있으며, 그것을 몇 번이든 되풀이하여 끄집어낼 수 있다. 우리는 그것을 눈을 감고 반복하고 눈을 뜨고 확인한다.

이 세계는, 그대가 그렇게 생각한다면, 그대의 피부와 맞닿아 있으며, 그대가 그렇게 원한다면, 그대의 영혼 속에 웅크리고 앉아 있다. 그것은 그대의 대상이며 그대가 원하는 대로 대상으로 머물러 있다. 그러나 그것은 그대의 밖에 있든 안에 있든 간에 그대에 대하여 근본적으로 냉담하다. 그대는 그 세계를 지각하고 그것을 그대의 '진리'로 받아들인다. 그 세계는 그대에게 그렇게 하도록 내버려둔다.

그러나 그 세계는 자기를 그대에게 내주지는 않는다. 그대는 다만 그것에 대하여 다른 사람들과 더불어 '이해'할 수 있을 뿐이다. 그 세계는 비록 모든 사람에게 각각 다른 모습을 하고 있을지라도 그대들의 공통의 대상이 되게끔 있는 것이다. 그러나 그대는 이 세계에서 다른 사람을 만나지 못한다. 그대는 그 세계가 없으면 삶을 지탱하지 못한다. 그 세계의 확실성이 그대를 지탱해 주고 있는 것이다. 그러나 그대가 그 세계에 빠져 죽어 버린다면 당신은 무(無) 속에서 매장되고 말 것이다.

한편, 사람은 존재나 생성을 자기에게 마주 서 있는 상대자로서 만난다. 그러나 이때 그가 만나는 것은 언제나 오직 '하나의' 실재(Wesenheit)이며, 모든 사물도 오직 실재로서만 만나게 된다. 이때 거기에 있는 것은 사건 속에서 그의 모습을 그에게 열어 보이며, 거기서 일어나는 사건은 존재로서 그와 마주치게 된다. 거기서는 오직 이 한 가지 것만이 현전한다. 그러나 그것은 하나의 우주적인 존재다. 계량과 비교는 사라져 버렸다. 이 계량할 수 없는 존재의 얼마가 그대의 현실이 되느냐 하는 것은 그대에게

52

달려 있다. 이 여러 가지 만남들은 나란히 서서 세계를 이루지는 않는다. 그러나 모든 만남은 그대에게는 세계 질서의 하나의 표징이다. 이 만남들은 서로 맺어져 있지 않다. 그러나 모든 만남은 그대에게 그대와 세계와의 맺어짐을 보증해 준다. 이렇게 그대에게 나타나는 세계는 믿을 수가 없다.

왜냐하면 그것은 언제나 새롭게 그대에게 나타나고, 그대는 그것으로부터 언질을 받을 수가 없기 때문이다. 그 세계는 밀도가 없다. 왜냐하면 거기서는 만물이 만물 속에 침투해 있기 때문이다. 그 세계에는 지속성이 없다. 왜냐하면 그 세계는 부르지 않아도 오며, 굳게 잡아도 사라져 버리기 때문이다. 그 세계는 조망할 수가 없다. 그대가 그것을 조망할 수 있는 것으로 만들려고 하면 그대는 그것을 잃고 만다. 그 세계는 다가온다. 그대를 꾀어내려고 오는 것이다. 그대에게 이르지 못할 때, 그대를 만나지 못할 때 그 세계는 사라지고 만다. 그러나 그것은 모양을 바꾸고 다시 온다. 그 세계는 그대의 밖에 서 있는 것이 아니다. 그것은 그대의 근본을 건드린다. 그리하여 그대가 그것을 '나의 영(靈)의 영'[41]이라고 말해도 지나친 말이 아니다. 그러나 그 세계를 그대의 영 속에 옮겨 놓으려 하지 않도록 조심해야 한다——그렇게 되면 그대는 그것을 없애 버리고 만다. 그 세계는 그대의 현재다.

즉 그대가 그 세계를 가지고 있음으로 해서 그대에게 현재가

---

41) Seele meiner Seele의 번역.

있는 것이다. 그대는 또한 경험하고 이용하기 위하여 그 세계를 그대의 대상으로 삼을 수 있다. 그대는 다시금 되풀이하여 그렇게 하지 않을 수 없다. 그러나 그때에는 이미 그대에게 현재는 없다. 그대와 그 세계 사이에는 서로 주는 상호성이 있다. 그대는 그 세계를 향해 '너'라고 부르며 그대를 그 세계에게 준다. 그 세계는 그대를 향해 '너'라고 부르며 자신을 그대에게 준다. 그 세계에 대하여 그대는 다른 사람들과 이해를 같이할 수가 없다. 그대만이 홀로 그 세계와 함께 있다. 그러나 그 세계는 그대에게 그대가 다른 사람들과 만나고 그 만남을 견디어 내는 법을 가르쳐 준다. 그리고 그 세계는 그것이 그대에게 찾아오는 은총과 그것이 그대를 떠나가는 슬픔을 통하여 그대를 저 '너'에게로, 즉 모든 관계의 줄이 거기서 만나는 저 '너'에게로 인도해 준다. 그 세계는 그대가 살아가는 데 아무 도움도 안 준다. 다만 그대가 영원을 예감하도록 도와주는 것뿐이다.

* * *

'그것'의 세계는 공간과 시간 안에서 연관을 가지고 있다.

'너'의 세계는 공간과 시간 안에서 아무 연관도 없다.

낱낱의 '너'는 관계 사건이 끝나면 하나의 '그것'이 될 '수밖에 없다.'

낱낱의 '그것'은 관계 사건 속에 들어섬으로써 하나의 '너'가

될 '수 있다.'

이것은 '그것의 세계'가 가지는 두 가지 기본적 특권이다. 이것이 사람으로 하여금 '그것의 세계'를, 거기서 자신이 살아야 하고 또한 살아갈 수 있는 세계로 여기며, 실로 모든 종류의 자극과 흥분, 활동과 인식까지도 주는 세계로 여기도록 해주는 것이다. 이 확고하고도 쓸모 있는 연대기 가운데 '너'의 순간은 불가사의한 서정적 ─극적 삽화로서 나타나고, 유혹적인 마력을 가지고 작용하면서, 그러나 위험하게도 사람을 극단적으로 치달리게 하여 시험을 끝낸 확실한 연관을 흔들어 만족보다는 의문을 남기고 확신을 흔들어 놓는다. 이 순간은 참으로 섬뜩하고 그러면서도 없어서는 안 되는 것이다. 그렇더라도 그러한 순간을 떠나서 '이 세계'로 돌아오지 않을 수 없는 것이라면, 어째서 그 세계에 머물러 있지 않는 것일까? 어째서 마주 서서 다가오는 것을 질서지으며, 대상성(對象性) 속으로 돌려보내지 않는 것일까? 아버지나 아내나 친구를 어차피 친칭(親稱) 'Du'로 부르지 않을 수 없다면, 어째서 'Du'라고 말하면서 '그것(Es)'을 생각하면 안 되는 것일까? 'Du'라는 소리를 발성기관을 사용하여 입 밖에 낸다고 해서 저 섬뜩한 근원어를 말하는 것은 결코 아니다. 정녕 사랑하는 '너'라고 진심으로 속삭이는 것마저도, 그것이 오직 단호하게 경험하고 이용하는 것만을 뜻하는 것이 아닌 한, 위험한 것이 아니다.

순전한 현재 속에서는 살지 못한다. 순전한 현재를 신속하고

도 철저하게 극복할 수 있도록 미리 준비되어 있지 않다면 현재
는 사람을 마멸시키고 말 것이다. 그러나 순전한 과거 속에서는
살아갈 수가 있다. 그렇다, 과거에서만 삶은 정리될 수 있다. 사
람은 다만 모든 순간을 경험과 이용으로 채우기만 하면 된다. 그
러면 순간은 다시는 타오르지 않는다. 그리하여 진리의 모든 진
지함으로 말하노니, 그대여, 사람은 '그것' 없이는 살지 못한다.
그러나 '그것'만 가지고 사는 사람은 사람이 아니다.

2부

사람의 세계

개인의 역사와 인류의 역사는 언제나 서로 구별되는 것이지만, 적어도 이 한 가지 점에서는 서로 일치한다. 즉 역사는 '그것의 세계'가 점진적으로 증대하는 것임을 의미한다는 것이다.

그러나 종족의 역사의 경우에도 이런 단정을 내릴 수 있을는지는 의심스럽다. 잇따라 일어나는 문화의 영역들은 모두 하나의 원시성, 비록 서로 다른 빛깔을 가지고 있지만 원래는 동일한 구조를 가지고 있는 원시성과 그것에 부응하는 조그만 대상의 세계로부터 비롯된다는 것을 사람들은 지적하고 있다. 그러므로 개인의 생활에 대응하는 것은 종족의 생활이 아니라 개별적인 문화생활일 것이다.[1]

그러나 고립되어 있는 것처럼 보이는 문화를 도외시한다면,

---

1) 이것은 그 당시 발간되어 논의되고 있던 오스발트 슈펭글러의 《서구의 몰락》에 대한 언급이다.

그밖의 역사적으로 다른 문화의 영향을 받은 여러 문화들은 어떤 특정한—— 아주 초기의 단계는 아니나 전성기 직전——단계에 있어서는 다른 문화의 '그것의 세계'를 받아들인다. 이것은 그리스 문화가 이집트 문화를 받아들인 것과 같이 동시대의 문화를 직접 받아들인 경우건, 서양의 그리스도교 세계가 그리스 문화를 받아들인 것과 같이 과거의 문화를 간접적으로 받아들인 경우건 마찬가지다.

즉 여러 문화는 다만 그 자체의 경험에 의해서만이 아니라 또한 이질적인 문화의 경험으로부터 흘러들어온 것을 섭취함으로써 자신의 '그것의 세계'를 확대해 가는 것이다. 그리고 이렇게 발전해 감으로써 비로소 문화는 결정적이며 창의적인 확장을 이룩한다[이때에 '너의 세계'의 관상(觀想)과 행위가 문화의 형성에 얼마나 강력하게 관여하고 있는가에 대해서는 우선은 고려하지 않기로 한다]. 그러므로 일반적으로 말해서 각 문화의 '그것의 세계'는 그에 앞선 문화의 '그것의 세계'보다 더 포괄적이며, 약간의 정체나 외관상의 역행에도 불구하고 '그것의 세계'가 증대해 왔음을 역사상에서 명백히 알 수 있다.

여기에서 한 문화의 '세계상(世界像)'이 유일한 성격을 띠느냐 무한한 성격, 보다 정확히 말해 비유한성의 성격(Nichtendlichkeit)을 띠느냐 하는 것은 중요한 문제가 아니다. 하나의 '유한한' 세계가 하나의 '무한한' 세계보다 더 많은 구성부분과 사물, 과정을 포함하고 있을 수도 있다. 또한 오로지 자연

58

인식의 범위만이 아니라 사회적 문화나 기술적 성과의 규모를 비교해 볼 필요가 있다는 것을 고려하지 않으면 안 된다. 이 두 가지를 통하여 대상적인 세계는 확장되어 가는 것이다.

'그것의 세계'에 대한 사람의 기본적인 연관에는 '그것의 세계'를 몇 번이고 되풀이하여 구성하는 경험과, '그것의 세계'를 다양한 목적, 곧 사람의 삶을 보존하고 편리하게 하고 설비하도록 하는 이용이 포함되어 있다. '그것의 세계'의 범위가 넓어짐에 따라서 '그것의 세계'를 경험하고 이용하는 능력도 증대되지 않으면 안 된다. 과연 낱낱의 사람은 직접적인 경험을 점점 더 간접적인 경험, 즉 '지식의 획득'으로 대체할 수 있으며, 이용을 전문화된 '응용(應用, Verwendung)'으로 점점 더 간략하게 할 수 있을 것이다. 그럼에도 불구하고 경험하고 이용하는 능력이 세대에서 세대로 끊임없이 증진되어 간다는 것은 불가피한 일이다. 사람들이 정신 생활의 점진적인 발전에 대해서 말할 때는 대개 이런 것을 뜻한다. 그러나 이때 말할 것도 없이 정신에 대한 중대한 언어의 잘못이 저질러지고 있다.

왜냐하면 그와 같은 '정신 생활'은 대체로 정신 속에서의 사람의 삶을 방해하는 것이거나 기껏해야 극복되고 변형되어 참된 정신 생활에 동화되지 않으면 안 되는 소재(Materie)에 지나지 않기 때문이다. 그것은 장애가 된다. 왜냐하면 경험하고 이용하는 능력의 발달은 대개의 경우 사람의 관계 능력(Beziehungskraft)의 저하에 의하여 일어나기 때문이다——이 관계 능력에 의해서만 사람은 정신 가운데서 살 수 있다.

* * *

　인간적인 것으로 나타나는 정신은 '너'에 대한 사람의 응답이다. 사람은 허다한 혀(Zunge)로 말한다. 즉 언어의 혀, 예술의 혀, 행동의 혀가 있다. 그러나 정신은 하나다. 정신은 신비로부터 나타나서 신비로부터 말을 걸어 오는 '너'에 대한 응답이다. 정신이란 말이다. 그리고 입으로 하는 말은 먼저 사람의 머릿속에서 말을 하고, 그 다음에 목구멍에서 소리를 내게 되지만, 그러나 이 두 가지는 모두 참된 사건의 굴절에 지나지 않는다. 정말은 말하자면 말이 사람 안에 깃들어 있는 것이 아니라 사람이 말 가운데서 있으며 그 말로부터 말을 하는 것이다──모든 말이 그러하며 모든 정신이 그러하다. 정신은 '나'의 안에 있는 것이 아니며 '나'와 '너' 사이에 있는 것이다. 정신은 그대의 몸 속을 돌고 있는 피와 같은 것이 아니라, 그대가 그 속에서 숨 쉬고 있는 공기와 같은 것이다. 사람은 '너'에게 응답할 수 있을 때, 정신 안에서 살고 있다. 사람은 그의 존재 전체를 기울여 관계에 들어설 때 '너'에게 응답할 수 있다. 사람은 그의 관계 능력에 의하여서만 정신 안에서 살 수 있는 것이다.

　그러나 관계 사건의 운명(Schicksal)은 여기에서 가장 강력하게 드러난다. 응답이 강력하면 할수록 그만큼 강력하게 '너'를 속

60

박하고, '너'를 대상이 되도록 얽매고 만다. 오직 '너'에 대한 침묵만이, '모든' 언어의 침묵, 즉 아직 형태가 안 잡힌, 아직 분리되지 않았으며 소리로 되기 이전의 말에서의 침묵의 기다림만이 '너'를 자유롭게 해 준다. 그리고 이와 같은 침묵만이 정신이 자기를 알려주지 않고 존재하고만 있는 억제 상태에서 '너'와 더불어 관계에 서 있는 것이다. 모든 응답은 '너'를 '그것'의 세계 속에 얽매어 넣는다. 이것이 사람의 우수(憂愁)이며 또한 사람의 위대함이다. 왜냐하면 그렇게 됨으로써 비로소 살아 있는 사람들의 한가운데서 인식이, 작품이, 형상이, 규범이 이루어지기 때문이다.

그러나 이와 같이 '그것'으로 변화되고 여러 사물 가운데 하나로 굳어 버린 존재에게도 몇 번이고 되풀이하여 다시 '너'로 변해야 한다는 의미와 운명(Bestimmung)이 주어져 있다. 몇 번이고 다시 —— 정신이 사람에게 자신을 주고 그의 안에 응답을 낳게 하는 저 정신의 시간에서 그렇게 생각되었던 것이지만 —— 이 대상적인 것은 현재가 되어 불타 오르고 거기로부터 자기가 나온 원소로 되돌아가야 하며, 사람은 그것을 현재적인 것으로 보고 살게 되는 것이다. 그러나 이러한 의미와 이러한 운명의 성취는 경험하고 이용해야 하는 '그것'의 세계에 만족해 온 사람에 의하여 좌절되고 만다. 이러한 사람은 '그것'의 세계에 갇혀 있는 존재를 풀어주는 대신에 억눌러 버리며, 바라보는 대신에 관찰하고 분석하며, 그것을 그대로 받아들이는 대신에 이용하는 것이다.

'인식'의 경우를 생각해 보자. 인식하는 자가 그와 마주 서 있는 존재를 바라볼 때에, 그 존재는 자신을 열어 보인다. 인식하는 자는 그가 현존하는 것으로 바라본 존재를 대상으로 파악하고, 다른 여러 대상들과 비교하고, 다른 대상들의 계열에 집어넣고, 대상적으로 기술하고 분석하지 않을 수 없을 것이다. 어떠한 존재든 '그것'으로서가 아니면 사람들의 지식 저장고 속에 들어올 수가 없기 때문이다. 그러나 직관적으로 바라볼 때에 그것은 여러 사물들 가운데 하나의 사물, 여러 사건들 가운데 하나의 사건이 아니라 전혀 독자적인 존재로 현존하는 것이다. 그 존재는 뒤에 현상으로부터 이끌어 내어진 법칙에 있어서가 아니라 현상 그 자체에 있어서 스스로 자신을 알려 준다. 일반적인 것을 생각하는 것은 단지 얽혀 있는 사건을 푸는 일의 하나에 불과하다.

왜냐하면 이 사건은 특수한 일, 곧 마주 서 있음에서 보였기 때문이다. 그런데 이 사건은 개념적 인식이라고 하는 '그것'의 형식(Esform) 속에 갇히고 만다. 그것으로부터 이 사건을 풀어 주고 다시 현재적으로 바라보는 이는 사람과 사람 사이에 현실적인 것이요, 작용하는 것으로서의 저 인식행위의 의미를 실현하게 된다. 그러나 인식은 또한, 그러므로 이 사물의 상태는 이러하며 이와 같이 일컬어지고 이와 같이 되어 있으며 여기에 속해 있다는 것을 확인하는 데 사용되거나, '그것'으로 되어 버린 것을 '그것'으로 그대로 두고, '그것'을 '그것'으로서 경험하고 이용하며, 이 세상일에 '정통'하고 그리하여 세상을 '정복'하려는 계획에 사용되기도 하는 것이다.

예술의 경우도 이와 마찬가지다. 예술가가 마주 서 있는 존재를 직관적으로 바라볼 때 예술가에게 형태가 나타나 보인다. 그는 그 형태를 작품으로 붙잡는다. 그 작품은 그 어떤 신들의 세계가 아니라 사람들의 이 위대한 세계 안에 있는 것이다. 작품은 비록 사람의 눈엔 띄지 않지만 확실히 '거기'에 있는 것이다. 그러나 그것은 잠을 자고 있다. 중국의 시인은 이렇게 말하고 있다.[2] 자기가 옥피리를 불었을 때 사람들은 그 피리소리를 들으려 하지 않았다. 그래서 그는 신들을 향해 피리를 불었더니 그들은 귀를 기울였다. 그때부터 사람들도 그 노래를 들으려고 귀를 기울였다── 그리하여 그는 신들을 떠나서 작품(Gebild)이 없이는 지낼 수 없는 사람들에게 돌아갔던 것이다. 작품은 꿈속에서인 양 사람과의 만남을 갈망하여 그가 주문(呪文)의 속박을 풀고서 영원한 한순간 그 형상을 알아 줄 것을 갈망하고 있는 것이다. 그런데 그때 사람이 걸어와서 그가 경험할 수 있는 것을 경험한다── 이 작품은 이렇게 되어 있고 이런 것이 거기에 표현되어 있다든가, 또는 그 작품의 특질은 이런 것이며 더 나아가 그 작품이 어떤 위치를 차지하고 있느냐 하는 것을 경험하는 것이다. 마치 예술 작품의 학문적이고 심미적인 이해력이 불필요하다고 말하는 것은 아니다. 그러나 그러한 이해력은 그의 작품에 충실하

---

2) 출전은 분명하지 않지만 부버는 일찍이 노장사상(老莊思想)에 비상한 관심을 가지고 있었으며 《장자(莊子)》나 《유제지이(聊齊志異)》를 초역하기도 했다.

며 이해할 수 있는 것을 내포하고 있으면서도 이해를 넘어서는 '관계의 진리' 속에 잠기기 위해 필요한 것이다.

그리고 셋째로 인식하는 정신이나 예술의 정신보다 더 높은 순수한 활동과 자의(恣意)에 따르지 않는 행위가 있다. 왜냐하면 여기서는 덧없는 신체적인 사람이 보다 영속적인 질료(質料)에 자기를 새겨 넣을 필요가 없으며 오히려 자기 자신이 그러한 질료보다 더욱 영속적인 작품이 되어 그 자신의 살아 있는 말의 음악에 에워싸여서 정신의 별 하늘로 올라가는 것이기 때문이다.

여기서 저 '너'는 깊은 신비로부터 사람에게 나타나고, 어둠으로부터 몸소 그에게 말을 걸고, 사람은 그의 생명으로써 응답한다. 그리하여 말은 그때마다 생명이 되며 이 생명은 비록 그것이 율법을 이루든 파괴하든 간에 —— 율법을 이루는 것도 파괴하는 것도 모두 다 정신이 이 땅 위에서 죽지 않기 위해서는 언제나 필요하다 ——가르침(Lehre)이다. 그리하여 후대의 사람들에게 무엇이 존재하며 또 무엇이 존재해야만 하는지를 가르쳐 주기 위해서가 아니라 정신 안에서, 즉 저 '너'의 면전에서 어떻게 삶이 이루어지는가를 가르쳐 주기 위하여 나타나는 것이다.

그리고 이것은 또한 저 생명이 그들을 위하여 언제나 스스로 '너'가 되며 '너의 세계'를 열어 줄 준비를 갖추고 있음을 말한다. 아니, 준비를 갖추고 있는 것이 아니라 생명은 언제나 그들에게 다가오고 그들을 건드리고 있는 것이다. 그들은 그러나 '너'의 세계를 열어 주는 생명 있는 사귐에 마음이 내키지 않으며 또한 그렇게 하기에 적합하지도 않게 되었다. 그들은 정통한 지식을 가지고 있다. 그들은 인격을 역사 속에 가두고 그들의 말을 문고(文庫) 속에 가두어 놓았다. 그들은 율법의 성취나 파괴를 똑같이 법전(法典)으로 편찬해 놓았다. 그리고 그들은 근대인답게 충분히 심리학과 뒤범벅이 된 존경과 숭배까지도 아끼지 않는다. 아, 밤하늘의 별처럼 외로운 저 얼굴이여! 아, 무감각한 이마 위의 산 손가락이여! 아, 점점 사라져 가는 발소리여!

* * *

경험하고 이용하는 기능의 형성은 대개의 경우 사람이 관계를 맺는 힘을 잃게 됨으로써 이루어진다.

정신을 자기의 향락을 위한 수단으로 만들어 버린 사람은 자기 둘레에 살고 있는 존재와 어떤 관련을 가지는 것일까?

이와 같은 사람은 '나'와 '그것'을 서로 가르는 분리의 근원어 아래 그의 이웃(Mitmensch)과의 공동생활을 정연히 구별된 두 개의 구역, 즉 제도와 감정으로 갈라놓는다. 제도는 '그것'의 구역(Es – Revier)이요, 감정은 '나'의 구역(Ich – Revier)이다.

제도는 '외부적인 것'이며 여기서 사람은 모든 목적을 추구한다. 이를테면, 노동하고, 거래하고, 영향을 미치고, 기획하고, 경쟁하고, 조직하고, 살림하고, 공무에 종사하고, 설교한다. 이것은 상당히 질서가 잡히고 또한 웬만큼 조화도 잡힌 기구이며, 거기서는 여러 가지 요건들이 사람의 두뇌와 구성원들의 다양한 참여 아래 이루어지고 있는 것이다.

감정은 '내부적인 것'으로 사람이 그 안에서 자기의 삶을 누리며 제도의 속박에서 벗어나 휴식한다. 여기서는 흥미를 가진 눈앞에 오색찬란한 정서의 광채가 빛을 발한다. 여기에서 사람은 자기의 기호와 증오와 쾌락을 즐기며 또한 너무 심하지만 않다면 고통까지도 즐긴다. 여기에서 사람은 자기 집에서와 같은 편안함을 느끼며 흔들의자에 앉아 쉬는 것이다.

제도는 복잡한 광장(Forum)과 같고, 감정은 언제나 변화에 넘치는 규방(閨房)과 같다.

물론 이 두 구역의 경계는 언제나 위협을 받고 있다. 왜냐하면 방자하고 무엄한 감정이 때때로 지극히 객관적인 제도 속에 침입하기 때문이다. 그러나 이 경계는 약간의 선의(善意)에 의하여 또다시 원상으로 복귀된다.

이른바 개인 생활의 여러 영역에서 확실한 경계선을 긋는 것은 가장 곤란한 일이다. 이를테면 결혼 생활에서 이러한 경계선을 긋는다는 것은 그렇게 간단한 일이 아니다. 하지만 그 한계는 있는 것이다. 이른바 공적 생활의 여러 영역에는 그 한계가 뚜렷이 그어져 있다. 예를 들면 정당이라든가 또는 초당파성을 내세우는 단체들의 한 해와 그들이 벌이는 '운동'을 보라. 거기서는 하늘을 찌를 듯이 소란한 회의와——기계적으로 균형이 잡혔다고 하든 유기적으로 축 늘어져 있다고 하든 마찬가지다——땅바

닥을 조심스레 기는 것 같은 실무(實務)는 서로 완전히 분리되어 있다.

그러나 제도의 영역에서 '나'와 분리된 '그것'은 일종의 골렘 (Golem)[3]이며 감정의 영역에 있어서 '그것'과 분리된 '나'는 정처 없이 날아다니는 영혼의 새[鳥]에 지나지 않는다. 이 둘은 다 인간을 알지 못한다. 전자는 오직 표본만 알고, 후자는 오직 '대상'만을 알 뿐이다. 그 어느 것도 인격을 모르며 상호 공동성을 알지 못한다. 둘 다 현재를 모른다. 제도는 제아무리 최근의 것이라 하더라도 굳어 버린 과거를 알 뿐이다. 과거란 이미 끝나 버린 것이다. 감정은 제아무리 오래 지속되는 것이라 하더라도 덧없이 사라지는 순간을 알 뿐이다. 순간이란 아직 존재하지 않는 것 (das Nochnichtsein)이다. 제도와 감정은 어느 쪽도 참된 삶에 이르지 못한다. 제도가 공적 생활을 낳는 것이 아니며, 감정이 개인 생활을 낳는 것이 아니다.

제도가 공적 생활을 낳지 않는다는 사실은 점점 더 많은 사람들이 깨닫게 되고 또 그만큼 고통은 커지고 있다. 바로 여기에서 현대의 고뇌가 생겨나는 것이다. 감정이 개인 생활을 낳지 않는다는 사실은 극소수의 사람에게만 이해되어 왔다. 왜냐하면 감정은 가장 개인적인 것 속에 깃들어 있는 것처럼 보이기 때문이다.

---

3) Golem : 히브리어로, 유대 전설에 나오는 진흙으로 된 인형. 적의 공격을 막기 위해 만들었다고 한다. 이 인형은 영혼이 없기 때문에 거대한 힘을 부여받지만 자기 앞에 있는 것을 파괴하거나 파괴당할 수밖에 없다.

그리고 대개의 현대인이 그렇듯 사람이 지나치게 자신의 감정에 사로잡힌 끝에 결국 감정의 비현실성에 절망한다 하더라도 사람은 그 절망에 의하여 쉽사리 깨우침을 받지 못한다. 왜냐하면 절망도 역시 하나의 감정이며 매우 흥미로운 것이기 때문이다.

제도가 공적 생활을 낳지 않는다는 사실에 괴로워하던 사람들은 하나의 해결책을 생각해 냈다. 즉 제도를 감정에 의하여 부드럽게 늦추거나 녹이거나 폭파시킬 것이며, 제도 속에 '감정의 자유'를 도입함으로써 신선한 생명을 불어넣자는 것이다.

이를테면 자동기계화된 국가가 저마다 성질이 다른 국민들을 조직으로 서로 연결할 뿐, 상호간에 아무런 유대성을 세우지 않고 또 그런 노력을 하지 않는다면, 이 같은 국가는 사랑의 공동체(Liebesgemeinde)로 대체되어야 한다는 것이다.

그리고 사랑의 공동체는 민중이 자유롭고 넘쳐흐르는 감정에 의하여 서로 모이고 서로 삶을 같이하려고 할 때에 이루어진다는 것이다. 그러나 사실은 그렇지가 않다. 참된 공동체(Gemeinde)는 사람들이 서로를 위하는 감정을 가지는 데서 이루어지는 것은 아니다(물론 이러한 감정이 없이는 이루어지지도 않지만). 참된 공동체는 다음과 같은 두 가지 것, 즉 모든 사람이 하나의 살아 있는 중심에 대하여 살아 있는 상호 관계에 들어서는 일, 그리고 그들끼리 서로 살아 있는 관계에 들어섬으로써 이루어진다. 후자는 전자로부터 이룩되지만 그러나 전자만으로 이룩된 일은 아직 없다. 살아 있는 상호 관계는 감정을 내포하고는 있다. 그러나 그것은 감정에서 생겨나는 것은 아니다. 공동체는 살아 있는 상호 관계로부터 세워지지만 그러나 그것을 세우는 것은 저 살아서 역사하는 중심, 그 자체인 것이다.

또한 이른바 개인 생활의 여러 가지 제도도 자유로운 감정에 의해 개혁될 수 있는 것이 아니다(물론 그러한 감정이 없이는 개혁될 수 없지만). 이를테면 결혼은 두 사람이 서로 '너'를 드러내는 일, 참된 결혼은 언제나 여기에서 이루어지는 것으로 이 이외에는 결코 새로워질 수 없다. 이와 같은 상호 관계를 바탕으로 부부의 어느 편에 대해서도 '나'가 아닌 '너'가 결혼을 세우는 것이다. 이것이 사랑의 형이상적이고도 초(超)심리적인 사실이며, 사랑의 감정은 한갓 이 사실에 수반되는 것일 따름이다. 결혼생활을 이와는 다른 바탕에서 혁신하려는 사람은 결혼을 폐기하려는 사람과 본질적으로 다를 것이 없다.

즉 두 사람은 저 사랑의 사실을 모르고 있음을 표명하고 있는 것이다. 그리고 실제로 오늘날 많이 논의되고 있는 저 성애(Erotik)에서 자기 집착 즉 상대에 대하여 현전하는 일도 또 그 상대에 의하여 현전하게 되는 일도 전혀 없이, 서로 상대방에게서 오직 자기 자신을 향유하는 관계를 모두 빼 버린다면 과연 무엇이 남겠는가?

참된 공적 생활과 참된 개인 생활은 결합의 두 가지 형태다. 이들이 생성되고 존립하기 위해서는 변화하는 내용으로서의 감정이 필요하며, 고정된 형식으로서의 조직도 필요하다. 그러나 이 양자가 합해진 것만으로는 아직 인간적인 삶을 산출하지 못한다. 인간적인 삶을 산출하는 것은 제3의 것, 즉 저 '너'의 중심적인 현재, 보다 참되게 말해서 현재에 받아들여진 저 중심적인 '너'인 것이다.

* * *

근원어 '나-그것'은 악한 것이 아니다――그것은 물질이 악한 것이 아닌 것과 마찬가지다. 근원어 '나-그것'은 악한 것이다――그것은 존재자인 체하는 물질이 악한 것과 마찬가지다. 만일 사람이 이 근원에게 지배권을 준다면 끊임없이 자라나는 '그것'의 세계는 사람 위를 뒤덮고 사람에게서 그의 본연의 '나'를 앗아가고, 마침내 그의 머리 위에서 떠도는 악몽과 그의 내부에 있는 유령은 서로 자신들의 구원받지 못함을 고백하면서 속삭이게 될 것이다.

* * *

――그러나 현대인의 공동 생활은 필연적으로 '그것'의 세계에 떨어져 있는 것이 아닐까? 현대 생활의 두 재판부, 곧 오늘날과 같은 규모와 오늘날과 같이 완벽한 조직을 갖춘 경제와 국가는 모든 '직접성'을 냉연히 포기하는 원리에 서지 않고서는, 즉

모든 '생소한', 자기 영역 자체에서 일어나지 않는 모든 요청을 단호하게 거부하는 원리에 서지 않는 한 생각될 수 없는 것이 아닐까?

그리고 여기서 지배하고 있는 것이 경험하고 이용하는 '나', 곧 경제에서는 재화와 업적을 이용하는 '나'이며, 정치에서는 여론과 경향을 이용하는 '나'지만, 바로 이러한 '나'의 무제한한 지배에 의하여 이 두 분야에서의 거대하고도 '객관적'인 조직체의 광범하고 견고한 구조가 이루어져 있는 것이 아닐까? 그렇다. 지도적인 정치가나 경제인의 조형 미술적인 위대성이란 바로 자기와 관계하는 사람들을 경험의 대상이 될 수 없는 '너'를 지니고 있는 사람으로 여기는 것이 아니라, 그들의 특유한 능력을 계산하고 이용해야 할 업적이나 경향의 중심으로 여기고 있는 것과 결부되어 있는 것이 아닐까?

만일 이러한 지도자들이 '그 사람' + '그 사람' + '그 사람'을 하나의 '그것'이 되도록 보태는 대신에 '너'와 '너'와 '너'의 총계, 즉 그 결과 '너' 아닌 다른 것이 결코 될 수 없는 총계를 이끌어 내려고 한다면, 그들의 세계는 그들의 머리 위에서 붕괴되는 것이 아닐까? 이것은 노련한 형성력을 일종의 옹졸한 도락(Dilettantismus)과 바꾸고 밝게 비치는 이성을 몽롱한 열광과 바꾸는 것이 아닐까?

그리고 우리들이 지배자들로부터 피지배자들에게로 눈을 돌린다면, 근대적인 노동 형태와 소유 형태의 발전 자체가 타자와

71

마주 서는 삶, 즉 뜻 깊은 관계의 흔적을 말살해 버리고 만 것이 아닐까? 이러한 근대적 발전의 나사를 반대로 돌리려는 것은 어리석은 짓일 것이다—— 그리고 만일 이 어리석은 짓이 성공한다면 그와 동시에 근대 문명의 거대한 정밀 장치도 파괴되고 말 것이다. 이 정밀 장치만이 엄청나게 증대된 인류의 삶을 가능하게 해주는 것이기 때문이다.

—— 논자(論者)여, 그대의 말은 너무 늦었네. 바로 얼마 전만 해도 그대는 그대의 말을 믿을 수 있었을 것이다. 그러나 지금은 이미 믿을 수가 없다. 왜냐하면 방금 그대는 나처럼 국가는 이제 어느 누구에게도 조종받지 않는다는 것을 알게 되었기 때문이다. 화부들은 아직도 석탄을 쌓아올리고 있다. 그러나 기관사들은 마구 달려가는 기관차를 운전하는 척하고 있을 뿐이다.

그리고 지금 그대는 그렇게 말하면서 나와 마찬가지로 경제의 지렛대가 이상한 소리를 내기 시작한 것을 들을 수 있을 것이다. 직공장(職工長)들은 유유히 그대를 향해 미소짓는다. 그러나 그들의 마음속에는 죽음이 자리 잡고 있다. 그들은 그대에게 장치를 상황에 적응시키고 있다고 말한다. 그러나 그대는 그들이 앞으로 다만 자신을 그 장치에, 그것도 바로 그 장치가 허용하는 한에 있어서 적응시켜 갈 뿐임을 알아차린 것이다. 그들의 대변자들은 경제가 국가의 유산을 상속하는 것이라고 그대에게 일러준다. 그러나 그대는 상속할 것이라곤 점점 더 만연되어 가는 '그것'의 전제(專制)밖에 없음을 알고 있다. 그리고 이 전제 아래서

'나'는 점점 지배력을 잃어 가지만 그러면서도 여전히 자기가 지배자인 양 꿈꾸고 있는 것이다.

사람의 공동 생활도 사람 자신과 마찬가지로 '그것'의 세계가 없이는 견딜 수가 없다——이 '그것'의 세계 위로 '너'의 현재는 마치 신의 영(靈)이 물 위를 떠돌듯이 떠돌고 있다.[4] 사람이 가지고 있는 이용하려는 의지나 권력 의지도 인간적인 관계 의지와 결부되어 있으며 그것에 의해 떠받쳐지는 한, 자연적이며 정당하게 작용하는 것이다. 충동은 그것이 본질에서 분리되지 않는 한 악한 충동이라곤 없다. 본질과 결부되어 있으며 그것에 의하여 규정된 충동은 공동 생활의 원형질(Plasma)이다. 본질에서 분리된 충동은 공동 생활을 해체시킨다. 이용하려는 의지의 집이 되는 경제도, 권력 의지의 집이 되는 국가도 정신에 참여하고 있는 한 생명에도 참여하고 있다. 이들이 정신을 파기한다면 그것은 생명을 파기한 것이다. 생명이 멈추기까지는 물론 시간이 걸린다. 그러고는 이미 오래 전부터 기계장치가 돌아가고 있는데도 사람은 꽤 오랫동안 (생명의) 형상이 아직도 활동하고 있음을 보고 있다고 착각한다. 여기에 약간의 직접성을 이끌어 들인다 하여도 사실상 아무 소용도 없다. 꽉 짜인 경제나 국가의 조직을 풀어 놓는 것으로는 그것들이 이미 '너'를 말하는 정신의 주권 아래서 있지 않다는 사실을 보상할 수가 없는 것이다. 주변을 흔들어

---

4) 〈창세기〉 1장 2절 참조.

보는 것으로는 중심에 대한 산 관계를 대신할 수가 없다. 사람의 공동 생활의 여러 가지 조직체는 그 각각의 지체(肢體)에 스며들어 있는 관계력의 충만에 의하여 생명을 얻고, 이 관계력이 정신 속에서 맺어짐으로써 몸을 가진 형태를 가지게 되는 것이다. 이 정신에 복종하는 정치가나 경제인은 어중간하고 천박하게 놀지 않는다. 물론 그는 자기와 관계하는 사람들을 오로지 '너'를 지니고 있는 사람으로서 대한다면 자기의 사업이 해체되고 말리라는 것을 알고 있다. 그러나 그는 그것을 무릅쓰고 그렇게 하는 것이다. 다만 오로지 그렇게 하는 것이 아니라 정신이 그에게 암시해 주는 한도까지만이며, 이때 정신은 그에게 그 한도를 암시해 준다. 또 상대를 '너'를 지니고 있는 사람으로 받아들인다고 하는 이 모험은 분리된 조직체를 파괴해 버렸을지도 모르지만, '너'의 현재가 그 위에 떠돌고 있는 조직체 안에서는 성공하게 된다. 그는 광신에 빠지지 않는다. 그는 진리에게, 곧 초이성적이면서도 이성을 뿌리치지 않고 품에 안고 있는 진리에 봉사하고 있는 것이다. 그가 공동 생활에서 하는 일은, 사람이 개인 생활에서 그날 그날의 당연한 정도에 따라서 '너'를 순수하게 실현하는 일이 자기로서는 불가능하다는 것을 알면서도 그날의 정당한 정도에 따라서, 날마다 '너'를 '그것'에 접하여 확증하며, 날마다 새롭게 '너'의 경계선을 그으면서 —— '너'의 경계선을 발견해 가는 일과 다를 것이 없다.

이와 마찬가지로 노동이나 소유도 자기 자신에 의해 구제되는 것이 아니라 오직 정신에 의해서만 구제된다. 정신의 현존 (Präsenz)에 의해서만 모든 노동에 의미와 기쁨이 흘러들어가고, 모든 소유에는 경외심과 희생의 능력이 흘러들어갈 수 있다. 철철 넘쳐흐를 정도는 아니지만 그래도 충분하게(quantum satis)—— 모든 노동의 성과와 모든 소유물은 여전히 '그것'의 세계에 포박된 채로 머물러 있지만 그럼에도 불구하고 '너'에게 마주 서는 것으로, 그리고 '너'를 표현하는 것으로 빛을 낼 수가 있는 것이다. 뒤로 물러서는 일(Dahinter - zurück)은 있을 수 없다. 가장 심각한 이 곤란의 순간에서도, 아니, 비로소 이 순간에 전에는 예상조차 못했던 넘어감(Darüber - hinaus)이 있는 것이다.

국가가 경제를 규제하는 것이냐 아니면 경제가 국가에게 권한을 부여하는 것이냐 하는 문제는 이 양자에게 변화가 일어나지 않는 한 중요한 것이 아니다. 국가의 여러 제도가 보다 자유로워지고, 경제의 여러 제도가 보다 공정하게 되느냐 못 되느냐가 중요하다. 그러나 이것마저도 여기서 우리가 묻고 있는 진정한 삶에 대한 물음을 위해서는 중요한 것이 아니다. 여러 제도는 그 자체로서는 자유롭게도 공정하게도 될 수 없다. 결정적인 것은 정신, 곧 '너'를 말하는 정신, 응답하는 정신이 살아 있으며 현실에 머물러 있느냐 하는 것, 사람의 공동 생활 속에 섞여 들어가 있는 정신의 요소가 앞으로도 계속 국가나 경제에 예속되어 있느냐 아니면 독자적으로 작용하게 되느냐 하는 것, 사람의 개인 생활 가운데 아직도 견디어 내고 있는 정신의 요소가 다시금 공동 생활과 한몸을 이루느냐 하는 것이다. 공동생활이 서로 무관계한 여러 영역으로 분할되면서 '정신 생활' 또한 그 영역 중의 하나가 된다면, 사회에 대한 정신의 참여는 이루어질 수 없을 것이다. 그리고 이것은 다만 '그것'의 세계에 가라앉아 버린 여러 영역이 '그것'의 압제(壓制)에 결정적으로 내맡겨지고, 정신을 완전히 비현실화하게 됨을 뜻할 뿐이다.

왜냐하면 정신이 독자적으로 삶 속에 작용해 들어가는 것은 결코 정신 자체가 아니며 세계에 속하여, 곧 '그것'의 세계에 침투해 들어가 '그것'의 세계를 변화시키는 힘에 의한 것이기 때문이다. 정신이 자기에게 열려 있는 세계를 향하여 마주 나아가 그 세계에 자기를 바쳐서 세계와 그 세계에 속하여 자기를 구원할 수 있을 때 정신은 참으로 '자기 자신'에 돌아와 있는 것이다. 이 같은 일은 오늘날 정신 대신 들어서 있는 산만하고 약화되고 변질되고 철저하게 모순에 빠진 지성(Geistigkeit)이 다시 정신의 본질, 곧 '너'를 말할 수 있는 능력을 가지게 될 때 비로소 할 수 있을 것이다.

* * *

'그것'의 세계에서는 인과율(Ursächlichkeit)이 무제한으로 지배하고 있다. 감각적으로 지각되는 모든 '물리적(physisch)'인 사건만이 아니라 또한 자기 경험 안에서 이미 발견되었거나 또는

76

발견되는 모든 '심리적(psychisch)'인 사건도 필연적으로 인과의 계열로 간주된다. 그 중에서 어떤 목적 설정의 성질을 가진 것으로 간주해 줄 수 있는 사건들까지도 역시 '그것'의 세계의 연속체(Eswelt – Kontinuum)를 이루는 일부로 인과율의 지배에서 제외되지 않는다. 물론 이 연속체는 목적론(Teleologie)과 조화를 이룰 수도 있다. 그러나 그것은 오직 인과적 연관의 완전성을 침해하지 않는 한에서 인과율의 한 부분 속에 짜 넣어진 (인과율의) 뒷면으로서일 뿐이다.

인과율이 '그것'의 세계에서 무한정한 지배력을 갖는다는 것은 자연의 과학적 질서를 위해서는 근본적으로 중요한 것이다. 그러나 그것이 사람을 억압하지는 못한다. 왜냐하면 사람이란 '그것'의 세계에만 속박되어 있지 않고, 거기에서 벗어나 몇 번이고 되풀이하여 관계의 세계로 들어갈 수 있기 때문이다. 이 관계의 세계에서 '나'와 '너'는 서로 자유롭게 마주 서 있으며, 어떠한 인과율에도 얽매이지 않고 물들지 않은 상호관계에 들어서는 것이다. 이 관계의 세계 속에서 사람은 자기의 존재 및 보편적 존재의 자유가 보장되어 있음을 알게 된다. 관계를 알며 '너'의 현존을 아는 사람만이 결단할 수 있는 능력을 가지고 있다. 결단하는 사람만이 자유롭다. 왜냐하면 그는 '너'의 면전(面前)에 나아간 것이기 때문이다.

내가 하고자 하는 모든 능력의 소재(素材)들이 불꽃처럼 걷잡을 수 없이 타오르고, 내가 할 수 있는 모든 것이 태고의 혼돈 상태로 뒤엉켜 어지러이 맴돌고 있다. 잠재적인 가능성이 모든 구석에서 유혹의 눈길을 깜박이며, 우주가 온통 나를 유혹한다. 나는 순식간에 생성되고, 두 손을 불 속 깊이 집어넣는다. 그 속에는 바로 나를 의미하는 하나의 것, 곧 나의 행위가 숨겨져 있어 나는 그것을 움켜잡는다. 그 순간! 심연의 위협은 어느새 사라지고 저 핵심 없는 다수의 것은 더 이상 갖가지 빛깔로 노닐지 않는다. 거기에는 다만 두 가지의 것, 즉 망상과 사명이 있을 뿐이다.

그러나 이제 비로소 내 안에서 실현이 시작되는 것이다. 여기에서 만일 사명만이 이루어지고 망상은 불 꺼진 쇳덩이처럼 버려져 영혼의 층층에 찌꺼기가 쌓여 간다면, 그것은 결단이 이루어진 것이라 할 수 없다. 망상이 가진 모든 힘을 사명의 수행에 이바지시키는 사람, 선택되지 못한 것의 지칠 줄 모르는 정열을 선택된 것의 실현 속에 끌어들이는 사람, '악한 충동을 가지고서도 하나님을 섬기는 사람',[5] 그런 사람들만이 참으로 결단을 한 사람들이라 할 수 있다. 사람들이 이것을 이해한다면, 바로 이것이 정의이며 또한 사람이 결단해야 할 목표와 방향은 바로 이것에 있다는 것을 알게 될 것이다. 그리고 만일 악마라는 것이 있다면 그것은 하나님의 뜻에 거슬려 결단한 자가 아니라, 영원히 결단하지 않은 자일 것이다.

---

5) 마음을 다하여 하나님을 사랑한다고 함은 선한 충동과 악한 충동의 양쪽으로 하나님을 사랑하는 것이라고 하는 탈무드(본문엔 미슈나)의 가르침에 의한 것 (《신명기》 6장 5절 참조).

인과율은 자유가 보장되어 있는 사람을 억누르지 못한다. 그는 자기의 유한한 생명이 본질적으로 '너'와 '그것' 사이에 있는 하나의 흔들림이라는 것을 알고 있으며 또한 그 의미를 깨닫고 있다. 그로서는 성전(聖殿) 안에 언제까지나 머물러 있을 수 없지만, 성전의 문턱을 몇 번이고 다시 드나들 수 있는 것으로 만족한 것이다. 그렇다. 그 문턱을 몇 번이고 다시 떠나지 않으면 안 된다는 것이 그에게는 이 삶의 내적인 의미와 운명의 하나인 것이다. 저기 성전의 문턱에서는 그의 속에 언제나 새롭게 응답이, 곧 정신이 불붙여지고, 여기 부정하고 곤궁한 땅에서는 그 불꽃[6]이 확증되지 않으면 안 되는 것이다. 여기서 필연성이라는 것은 그를 놀라게 하지 못한다. 왜냐하면 그는 저 성전의 문턱에서 참된 필연성, 곧 운명을 인식했기 때문이다.

운명과 자유는 서로 서약을 하고 있다. 운명과 만나는 사람은 오직 자유를 실현하는 사람뿐이다. 내가 나를 뜻하는 행위를 발견했다는 것, 즉 내 자유의 운동 가운데서 저 비밀은 나에게 나타난다. 그러나 또한 내가 그 행위를 내가 뜻한 대로는 이룰 수 없다는 것, 즉 저항 속에서도 저 신비는 나에게 나타난다. 모든 인과를 잊어버리고 깊은 곳에서 결단하는 사람, 재화도 의복도 벗어버리고 알몸으로 '너'의 면전에 걸어 나가는 사람, 곧 자유의 사람은 그의 자유의 맞선꼴로서의 운명과 마주 보게 된다. 운명은 그의 한계가

---

6) 불꽃: 신비주의자들이 신과의 사귐에 있어서 인간 내부에 깃들어 있는 거룩한 정신의 번득임을 나타낼 때 쓰는 표현.

아니라 그의 존재의 보충이다. 자유와 운명은 서로 껴안으며 하나의 의미를 이루고 있다. 그리고 그 의미 가운데서 바로 조금 전만 하여도 그렇게 엄한 눈으로 보고 있던 운명이 이제는 빛으로 가득 차서 은총 그 자체인 양 바라보고 있는 것이다.

아니다. 저 불꽃을 지니고 '그것'이 세계로 돌아오는 사람을 인과적 필연성은 억누르지 못한다. 그리고 건전한 삶의 시대에는 정신의 사람들로부터 모든 민중에 대한 신뢰가 흘러나간다. 그 때 모든 사람들은, 아무리 우둔한 사람이라도 어떻게 해서든지 자연 그대로, 충동적으로, 몽롱하게 만남, 곧 현재에 부딪치고, 모두는 어디선가 '너'를 느꼈던 것이다. 그리고 이제 정신은 그들에게 그것을 보증해 주는 것이다.

그러나 병든 시대에는 '그것'의 세계가 더 이상 '너'의 세계라고 하는 살아 있는 강물의 흘러들어옴에 의하여 관개(灌漑)되고 비옥해지지 않는다 —— 분리되고 막혀서, 하나의 거대한 늪의 유령이 되어 사람을 압도하는 사태가 일어난다. 여기서 사람은 다시는 자기에게 현재가 될 수 없는 대상들의 세계에 만족해하고, 그것에 굴복하고 만다. 그때 저 능숙한 인과율은 올라타고 압박하고 질식시키는 숙명이 되는 것이다.

여러 민족을 포괄하고 있는 모든 위대한 문화는 하나의 근원적인 만남으로서의 사건, 그 원천에서 일어난 '너'에 대한 응답, 곧 정신의 하나의 본질적 행위에 그 바탕을 두고 있다. 이 본질적 행위가 뒤따르는 여러 세대들의 같은 방향을 잡은 힘에 의하여 강화되어 정신 속에 우주에 대한 하나의 독특한 파악을 이룬 것이다——이 정신에 의하여 비로소 사람의 우주는 언제나 다시 가능하게 된다. 그리하여 이제 비로소 사람은 위로받은 영혼으로 공간을 파악하는 하나의 독특한 방법에 의하여 신들의 집과 사람의 집을 지을 수 있으며, 진동하는 시간을 새로운 찬가(讚歌)와 노래로 채우고 사람 자신의 공동체를 형태 있는 것으로 세울 수 있는 것이다. 그러나 사람이 자유롭고 따라서 창조적일 수 있음은 오직 그가 자기 자신의 삶에 있어서 저 본질적인 행위를 스스로 행하고 또 다른 사람들에게 받으면서 소유하고 있는 한에서며, 그가 몸소 관계에 들어가는 한에서인 것이다.

문화란 그 중심이 끊임없이 새로운, 생동하는 관계, 사건 속에 놓여 있지 않는다면, 마비되어 '그것'의 세계가 되며, 이 '그것'의 세계는 다만 고독한 정신의 작렬하는 행위에 의하여 때때로 분출하듯이 돌파될 뿐이다. 문화가 '그것'의 세계로 될 때부터 전에는 우주의 정신적인 파악을 방해하는 일이 결코 없었던 저 능숙한 인과율이 올라타고서는 억압하고 질식시키는 숙명이 되는 것이다. 전에는 의미에 찬 우주와 조화를 이루면서 모든 인과율을 지배하던 슬기로운 운명(Schicksal)이 이제는 의미에 거슬리는 악령(Dämonen)이 되어 인과율 속에 빠져 버리고 마는 것이다. 선조들에게는 자비로운 섭리로 나타났던 저 업(業, Karman)만 하여도——왜냐하면 이승의 행위에 의하여 우리는 저승에서 더 높은 경지로 높여지기 때문이다——이제는 폭군으로 인식되고 있는 것이다. 즉 우리는 우리가 알 수 없는 전생(前生)에 행한 행위에 의하여 감옥 속에 갇혀 있으며, 이승의 삶에서는 거기에서 빠져나올 수 없다는 것이다. 옛날 하늘에는 의미 있는 법률 (Sinngesetz)이 둥근 지붕을 이루고, 그 빛나는 천장에는 필연성의 굴대가 걸려 있었다.

그러나 지금 그 자리에는 여러 가지 혹성(惑星)의 폭력이 무의미하게 그리고 압제적으로 지배하고 있다. 전에는 우리들의 길도 되었던 저 하늘의 '길', 곧 디케(Dike)[7]에게 자기를 내맡기기만 하면 자유로운 마음으로 운명의 전체율(全體律, Allmaß, total measure) 속에 거할 수가 있었다――그러나 지금은 우리가 무슨 일을 하든 정신과는 무관한 숙명(Heimarmene)[8]이 죽은 세계의 전 중량을 우리 모두의 어깨에 지우고 우리를 강제하는 것이다. 구원에 대한 갈망은 여러 가지 다양한 시도에도 불구하고 끝끝내 충족되지 못했다――그러나 마침내 탄생의 윤회에서 벗어나는 해탈을 가르치는 사람, 또는 여러 가지 힘의 지배에 맡겨졌던 영혼을 신의 아들로서의 자유 가운데로 구출해 주는 사람이 새로 나타나 그 갈망을 잠재워 주었던 것이다.

이와 같은 일은 본질에 이르는 하나의 새로운 만남으로서의 사건, 즉 한 사람이 그의 '너'에 대하여 행하는 하나의 새로운 운

---

7) Dike : 그리스 신화에 나오는 정의의 여신. 계절의 여신들 Horen의 하나. 다른 두 여신은 질서의 여신 Eunomia, 평화의 여신 Eirene이다.
8) Heimarmene : 그리스어로 운명을 나타내는 말이다.

명을 결정하는 응답에서 이루어지는 것이다. 이러한 중심적인 본질 행위가 달성될 때에는 하나의 문화가 이러한 본질 행위의 빛에 내맡겨진 다른 하나의 문화에 의하여 정체(停滯)에서 구원받기도 하고, 또는 자기 자신으로서 갱신될 수 있는 것이다.

우리 시대의 병은 다른 어떠한 시대의 병과도 다르면서 또한 다른 모든 시대의 병과 똑같은 병이다. 여러 문화의 저마다의 역사는 한 사람의 주자(走者)가 다른 주자의 뒤를 이어서 쾌활하게 그리고 아무 예감도 없이 동일한 죽음의 바퀴를 달리는 영원한 경기장은 아니다. 문화의 상승과 하강을 꿰뚫고 있는 것은 하나의 이름 없는 길인 것이다. 그것은 진보(Fortschritt)의 길도 아니고, 발전(Entwicklung)의 길도 아니다. 그것은 정신의 지하 세계의 나선상의 길을 지나는 내려가는 길이라고 할 수 있으며, 또한 아마도 가장 내면적이며 가장 섬세한, 가장 착잡하게 얽힌 소용돌이가 되어 올라가는 길이라고 할 수 있을 것이다. 그곳에는 이미 전진(Weiter)도 후퇴(Zurück)도 없으며, 오직 일찍이 들어본 일이 없는 전환(Umkehr),[9] 곧 돌파(Durchbruch)가 있을 뿐이

---

9) 부버의 중요한 개념의 하나. 그는 이 말을 히브리어의 Teschuwa, teshuvah와 같은 뜻으로 쓰고 있다. 그리스어 신약성서에서는 metanoia로 되어 있는데 '회개'라는 뜻을 넘어서 인간이 적극적인 결단에 의하여 온 존재를 기울여 그 걸음을 하나님에게로 돌리는 것을 말한다. 부버의 사상에서 이 전환은 언제나 새로 이루어져야 하며, 그럼으로써 인간은 언제나 '새로 하나님의 아들로서' 거듭나게 되며 현실과 돌파가 이루어지는 것이다.

10) Friedrich Hölderlin(1770~1843)의 *Patmos*, 제3~4행 인용.

다. 우리는 이 길을 끝까지 최후의 암흑의 시련에까지 가지 않으면 안 될 것인가? 위험이 있는 곳에 그러나 구원도 자란다.[10]

현대의 생물학적 사상과 역사철학적 사상은 아무리 서로 달라 보여도 서로 협력하여 숙명에 대한 신앙을 일찍이 없었을 만큼 강인하고 가슴 답답한 것으로 만들어 놓았다. 사람의 운명을 불가피하게 지배하고 있는 것은 이미 업(業, Karman)이라든가 별의 힘이 아니다. 여러 가지 힘들이 지배권을 요구하고 있다. 그러나 잘 생각해 보면, 대개의 동시대자들은 제정(帝政) 말기의 로마 사람들이 여러 가지 신늘의 혼합을 믿었듯이 여러 가지 지배력의 혼합체를 믿고 있는 것이다.

이와 같은 혼합이 쉽사리 이루어지는 것은 그 여러 가지 힘들의 요구의 성질 때문이다. 그 성질이 모든 사람이 거기에 참가하든지, 아니면 자기의 삶을 단념하지 않으면 안 되는 저 만인의 싸움(Allkampf)이라고 하는 '생존 법칙(Lebensgesetz)'이건, 또는 타고난 여러 가지 적용 본능에서 나오는 심리적 인격을 완전히 만들어 주는 '심리 법칙(Seelensgesetz)'이건, 또는 의지나 의식은 다만 거기에 부수될 수 있는 것에 지나지 않는 정지될 수 없는 사회적 경과를 규정하고 있는 '사회 법칙(Gesellschaftsgesetz)'이건, 또는 여러 가지 역사적 구조를 불변하고 일정한 생성과 소멸의 형식이라고 하는 '문화 법칙(Kulturgesetz)'이건, 또는 그밖의 그 형식이야 어떻든 거기서 뜻하는 것은 언제나 사람은 하나의 피할 수 없는 필연적 현상 속에 매어 있기 때문에 그것에 거스를 수 없거나, 기껏해야 환상 속에서가 아니면 그것에 거스를 수 없다고 하는 것이다. 사람은 고대 이교의 비법(秘法)에 의하여 성운(星運)의 속박으로부터 벗어났으며, 인식이 따르는 브라만의 희생에 의하여 업의 속박으로부터 벗어났다. 이 어느 경우에나 구원의 방향은 예시되어 있다. 그러나 혼합된 우상은 해방에 대한 신앙을 허용하지 않는다. 자유를 상상하는 일 따위는 어리석은 일로 간주된다. 사람에게는 스스로 결연히 노예가 되든가 아니면 가망 없이 반란하는 노예가 되든가 하는 선택밖에는 없다. 모든 법칙에 관하여 목적론적 발전이니 유기적 생성이니 하면서 제아무리 많은 논의를 한다 해도 이들 모든 법칙의 근저에는 필연적 경과, 즉 무제한의 인과율의 광란이 놓여 있다. 인과의 점진적인 경과라고 하는 교리(Dogma)는 증대하여 가는 '그것'의 세계에 대한 인간의 권리 포기인 것이다. 운명이란 명칭은 그러한 사람들에 의하여 오용되고 있다. 운명이란 인간 세계 위에 씌워 있는 종(鐘)이 아니다. 오직 자유에서 출발한 사람이 아니고는 아무도 운명과 만나지 못한다. 경과의 교리는 그러나 자유를 위한 여지를 허용하지 않으며 그의 평정(平定)한 힘이 이 지구의 얼굴을 바꾸는 저 자유의 가장 진정한 계시, 곧 전환을 위한 여지를 허용하지 않는다.

이 교리는 만인의 싸움을 전환에 의하여 극복하는 인간을 알지 못하며, 적용 본능이 자아내는 그물을 전환에 의하여 끊어 버리는 인간을 알지 못하고, 계급의 굴레로부터 전환에 의하여 스스로를 해방하는 인간을 알지 못한다——인간은 전환에 의하여 안전된 역사 구조를 끓어오르게 하며, 되젊어지게 하고, 변화시키는 것이다. 경과의 교리는 그대를 자기의 장기판 앞에 앉히고 규칙을 지키든지, 아니면 놀이에서 빠지든지 하는 선택만을 하도록 한다. 그러나 전환을 한 사람은 장기판을 뒤집어 말들을 모두 내동댕이쳐 버린다. 이 교리는 그대가 실생활에서는 그것의 제한에 따르면서도 영혼 속에서는 '자유롭게 머물러 있는 것'을 어쨌든 허용하려고 한다. 그러나 전환을 한 사람은 이 자유를 가장 부끄러운 예속으로 여기는 것이다.

사람에게 숙명이 될 수 있는 유일한 것은 숙명에 대한 신앙이다. 이 신앙은 전환의 운동을 억누르고 만다.

숙명에 대한 신앙은 처음부터 미신이다. 경과라고 하는 모든 고찰은 일어난 것 이외의 것이 아닌 것(Nichts – als – geworden – sein), 분리된 세계 현상, 대상화된 역사를 정리하는 하나의 방법일 뿐이다. '너'의 현존, '너'와의 맺어짐에서 일어나는 생성에는 이 따위 고찰로써 이르지 못한다. 경과 고찰은 정신의 현실을 모르며, 그의 도식(Schema)은 정신에는 통용되지 않는다. 대상적인 것에 바탕을 둔 예언은 현재적인 것을 모르는 사람에게만 통용되는 것이다. '그것'의 세계에 압도당하고 있는 사람은 변경할 수 없는 경과라는 교리 속에 얽혀 있는 것을 명쾌하게 풀어 주는 진리를 볼 것임에 틀림이 없다. 그러나 사실은 이 교리는 그를 '그것'의 세계에 더욱더 깊이 예속시킬 뿐이다.

그러나 '너'의 세계는 닫혀 있는 세계가 아니다. 자기의 존재를 기울여 거듭난 관계에의 힘을 가지고 '너'의 세계로 나가는 사람은 자유를 깨닫게 된다. 그리고 부자유에 대한 신앙에서 자유로워진다는 것이 곧 자유로워지는 것이다.

* * *

사람이 악령을 물리치려면 그 악령의 본래 이름을 부르면 된다. 이와 마찬가지로 바로 얼마 전까지만 해도 연약한 사람을 억압하고 있던 '그것'의 세계도 일단 그 정체가 밝혀지기만 하면 도리어 사람에게 머리를 숙인다. '그것'의 세계란 이 지상의 모든 '너'를 우리에게 가까이 마주 서게 하는 저 풍요한 실재——때로는 어머니 여신처럼 위대하며 두렵기도 하지만 또한 언제나 어머니처럼 자애롭게 나타나는 그 실재——로부터 우리를 분리시키고 소외시키는 바로 그런 것이다.

——그러나 자신의 내부 깊숙이 하나의 유령이 웅크리고 있어 '내'가 실재성을 잃어버린 사람이라면 어떻게 악령의 이름을 불러 그것을 굴복시킬 수 있겠는가? 자신의 존재 내부에서 건장한 유령이 단단히 다지고 있는 흙더미 밑에 관계의 힘이 파묻혀 있다면, 어떻게 그 관계의 힘을 소생시킬 수 있겠는가? 고립된 자아(自我)의 아집에 사로잡혀 공허한 마음의 울타리에서 끊임없이 쫓기며 맴돌고 있는 존재가 어떻게 자기를 집중할 수 있겠는

가? 자의(恣意)에 따라 살고 있는 사람이 어떻게 자유를 깨달을 수 있겠는가?

——자유와 운명이 함께 한 몸을 이루고 있듯이 자의와 숙명은 함께 한 몸을 이루고 있다. 그러나 자유와 운명은 서로 서약하고 껴안으면서 하나의 의미를 이루지만, 자의라는 영혼의 요괴와 숙명이라는 세상의 악령은 서로 계약을 맺고 나란히 동서(同棲)하고 있으면서도 서로 피하고, 맺어지는 일도 없고 강하게 접촉하는 일도 없이 무의미성 속에 떠돌고 있다——그러고는 한순간 양자의 눈길이 두리번거리면서 부딪치기라도 하면 그들의 입에서는 구원받지 못했다고 하는 고백이 새어나온다. 오늘날 얼마나 많은 웅변과 교묘한 지성이 이와 같은 사실을 방지하기 위하여, 아니 차라리 은폐하기 위하여 소모되고 있는 것인가!

자유인이란 자의에 속박되지 않고 의욕하는 사람이다. 그는 현실을 보고 있다. 즉 '나'와 '너'의 실재(real)하는 두 존재(Zweiheit)의 실재적인 결합을 믿고 있다. 그는 운명(Bestimmung)[11]을 믿으며, 그것이 그를 필요로 한다는 것을 믿는다. 운명은 그를 마음대로 부리지 않는다. 운명은 그를 기다리고 있으며 그는 그것을 향해 걸어가지 않으면 안 된다. 그러면서도 그는 운명이 어디 있는지 모른다. 그러나 그는 그의 온 존재를

---

11) Bestimmung은 Schicksal, Verhängnis(나쁜 의미의 운명, 여기서는 숙명이라고 번역)하고도 또 다른 의미로 쓰이고 있다. 사명 또는 천명이라고 옮길 수도 있다.

기울여 걸어가지 않으면 안 되며, 그는 이것을 알고 있다. 그의 결단이 의도하는 대로 실현되지는 않을 것이다. 그러나 일어날 것은 그가 의욕할 수 있는 것을 향하여 결단할 때에만 일어날 것이다. 그는 사물이나 충동에 지배되고 있는 그의 작은 의지, 부자유한 의지를 그의 큰 의지를 위하여 희생하지 않으면 안 된다. 운명지어진 것을 떠나서 운명에로 나아가는 큰 의지를 위하여 희생하지 않으면 안 된다. 그때에 그는 더 이상 간섭하지 않는다. 그러면서도 사물을 그냥 되어지는 대로 버려두지 않는다. 그는 스스로 생성되어 나오는 것, 곧 세계에 있어서 존재의 길을 엿듣는다. 그 길에 의하여 운반되기 위해서가 아니라 그의 참여를 필요로 하고 있는 생성을, 그것이 그에 의하여 실현되기를 바라는 대로, 사람인 그의 정신과 행위로써, 그의 삶과 죽음으로써 실현하기 위하여서다. 자유인이란 믿는 사람이라고 내가 말했거니와 이 말의 뜻은 '그는 만난다'는 것이다.

제멋대로 사는 사람은 믿지 않으며 만나지 않는다. 그는 맺어짐을 모르며 오직 밖에 있는 열에 들뜬 세계와 그것을 이용하려는 자기의 열병 같은 욕망밖에는 모른다. 이용에 대하여 사람은 하나의 고대(古代)의 이름을 붙여 줄 수밖에 없다. 그러면 그것은 여러 신 중의 하나로 변한다. 이 같은 사람이 '너'라는 말을 한다면 그것은 '너, 내가 이용할 수 있는 것이여'라는 뜻이다. 그리고 그가 그의 운명이라고 부르는 것은 그의 이용 능력을 꾸미고 신성화한 것에 지나지 않는다. 실상 그에게는 운명이란 없으며, 여러 가지 사물이나 충동에 의하여 규정지어져 있을 뿐이며, 그것을 그는 독재적인 감정으로써, 즉 마음 내키는 대로 수행하는 것이다. 그에게는 큰 의지가 없고 오직 자의가 있을 뿐이며, 그 자의를 의지 대신 내보이고 있는 것이다. 이러한 사람은 혹 입으로는 희생을 말할지 몰라도 자기를 희생할 힘이 전혀 없다. 그대는 그가 결코 구체적으로 될 수 없다는 것을 보아 그의 사람됨을 알 수 있다. 그는 끊임없이 간섭하지만 그것은 바로 '일이 일어나게 하려는' 목적 때문이다. 어째서 운명을 도와주면 안 되느냐고, 그 목적을 달성하는 데 필요한 수단을 쓰면 안 되느냐고, 그는 그대에게 말한다. 그는 자유로운 사람도 이렇게 본다. 그는 자유로운 사람을 이렇게밖에는 볼 수 없는 것이다. 그러나 자유로운 사람은 여기에 하나의 목적도 없으며, 그것을 위한 수단도 가져오지 않는다. 그에게는 오직 하나의 것, 즉 그의 운명을 향해 마주 걸어가려는 끊임없이 되풀이되는 결의가 있을 뿐이다. 그는 일찍이 이렇게 결의하였으며 이따금 갈림길에 설 때마다 이 결의를 새롭게 할 것이다.

그러나 큰 의지의 결단이 불충분하며 그리하여 수단의 도움을 받지 않으면 안 된다고 생각할 정도라면, 그는 자기가 살고 있는 것이 아니라고 생각할 것이다. 그는 믿는다. 그는 만난다. 그러나 자의(恣意)적인 사람의 믿을 줄 모르는 골수는 불신과 자의와 목적 설정과 수단 강구밖에는 알아보지 못한다. 희생도 없고 은총도 없으며, 만남도 없고 현재도 없는 오직 하나의 목적화되고 수단화된 세계가 그의 세계다. 그의 세계는 그와 같은 것일 수밖에 없다. 그리고 이 세계가 바로 숙명인 것이다. 그와 같이 그는 그의 모든 독재에도 불구하고 전혀 풀려날 수 없는 비현실적인 세계에 휘말려들고 있다. 그리고 그는 바른 정신이 들 때마다 이것을 안다──그렇기 때문에 그는 이러한 생각을 막기 위해서라기보다도 감추기 위하여 그의 지성의 가장 뛰어난 부분을 돌리는 것이다.

그러나 자기 타락의 의식, 현실성을 잃어버린 '나'와 참된 '나'에 대한 의식, 그것을 저 사람이 절망이라고 부르며 또 거기에서 자기 부정과 재생이 자라나는 근저에 깊이 잠긴다면 그것은 전환의 시작이 될 것이다.

* * *

'백(百)의 길'의 브라마나(das Brahmana der hundert Pfade)[12]에 있는 말이지만, 어느 때 신들과 아수라(阿修羅, Asura)[13]들이 싸우고 있었다. 그때 아수라들이 말했다. "누구에게 우리의 제물을 바칠까?" 그들은 그 제물을 모두 자신들의 입에

---

12) Schatapata Brahmana : 바라문교의 근본 성전이 되는 《베다산히타》에 대한 설명적인 문헌들을 브라마나[梵書]라고 하는데, 이 샤타파타 브라마나는 그 중에서도 중요한 문헌이다. 샤타파타(백의 길, die hundert Pfade).
13) Asura : 석천(釋天)과 싸우는 귀신으로 육도팔앙가(六道八昂家)의 1인이 되었다.
14) Pradschapati : 힌두교 최고의 창조신(조물주).

넣었다. 그러나 신들은 제물을 서로 입에 넣어 주었다. 그러자 조물주 프라자파티(Pradschapati)[14]는 자신을 신들에게 맡겼다는 것이다.

* * *

—— '그것'의 세계가 그대로 방치된다면, 즉 '그것'이 '너'가 되는 것에 의하여 건드려지고 용해되지 않는다면, '그것'의 세계는 악령으로 화하고 만다는 것은 이해할 만하다. 그러나 그대가 말하는 것 같은, 사람의 '나'가 어떻게 현실성을 잃게 되는 것일까? 관계 속에서 살든 또는 관계 밖에서 살든 '나'는 자아의식(Selbst‒Bewußtsein)이라고 하는 강한 금실〔金絲〕에 의하여 계속 보증받고 있으며, 변화되어 가는 상태는 이 금실에 가지런히 꿰어져 가는 것이다. 지금 내가 "나는 그대를 본다" 또는 "나는 나무를 본다"고 말한다고 하자. 아마도 이 두 경우에 그 본다는 것은 똑같은 현실은 아닐 것이다. 그러나 어느 경우에건 그 '나'는 똑같은 현실일 것이다.

—— 과연 그런지 살펴보기로 하자. 말의 형태만으로는 아무것도 증명되지 않는다. 그러므로 또한 '너'라고 불리는 많은 것도 실은 '그것'을 뜻하며, 다만 습관이라든가 어리석음에서 '너'라고 말하고 있을 뿐이다. 그리고 '그것'이라고 불리는 많은 것이 실은 '너'를 뜻하며 사람은 그의 현존을 비록 멀리에서일지라도 말하는 이의 온 존재를 기울여 회상하고 있는 것이다. 마찬가지

로 무수한 '나'는 다만 문법적으로 없어서는 안 될 하나의 대명사에 지나지 않으며, 단지 '여기서 이야기하고 있는 이 사람'을 나타내는 필연적인 줄임말에 지나지 않는다. 그러나 자기 의식은 어떠한가? 만일 한 문장 속에서 관계의 상대가 되는 '너'가 참으로 말해지고, 다른 문장 속에서는 경험의 대상이 되는 '그것'이 참으로 말해진다면, 따라서 이 두 경우에 다같이 '나'가 참으로 말해진다면 이 두 문장이 두 문장을 말하고 있는 자기 의식은 동일한 '나'의 자기 의식이라고 할 수 있을까?

근원어 '나-너'의 '나'는 근원어 '나-그것'의 '나'와는 다르다. 근원어 '나-그것'의 '나'는 개적 존재(個的存在, Eigenwesen)[15]로서 나타나고 자기를 (경험과 이용의) 주체(Subjekt)로서 의식한다. 근원어 '나-너'의 '나'는 인격(Person)으로 나타나고 자기를 (종속적인 속격을 가지고 있지 않은) 주체성(Subjektivität)으로 의식한다.

개적 존재는 다른 여러 개적 존재에 대하여 자기를 분리시킴으로써 나타난다.

인격은 다른 여러 인격과의 관계에 들어섬으로써 나타난다.

한쪽은 자연적인 분립(Abgehobenheit)의 정신적 형태고, 다

---

15) 개적 존재(Eigenwesen) : 이 말은 개인(Individuum)이나 개성(Individualität)에 가까운 의미를 가지고 있지만, 부버는 '경험과 이용의 주체', '그것과 맺어져 있는 〈나〉', 곧 타자와의 결합성을 잃은, 자기의 개별성에 서 있는 자아주의적 인간성을 가리키는 말로 쓰고 있다.

른 쪽은 자연적인 결합(Verbundenheit)의 정신적 형태다.

자기 분리의 목적은 경험과 이용이며, 경험과 이용의 목적은 '삶', 곧 인생의 전 기간에 걸친 죽음인 것이다.

관계의 목적은 관계 자체, 곧 '너'와의 접촉이다. 왜냐하면 모든 '너'와의 접촉에 의하여 '너'의 숨결, 곧 영원한 삶의 입김이 우리를 스치기 때문이다.

관계 속에 서 있는 사람은 하나의 현실, 곧 단지 그에게 닿아 있는 것도 아니며 또 단지 그의 밖에 있는 것도 아닌 하나의 존재(Sein)에 관여[16]하고 있다. 모든 현실은 하나의 작용(Wirken)이며, 나는 그것을 내 소유로 삼을 수는 없지만 그 작용에 관여하고 있다. 관여가 없는 곳에는 현실이 없다. 자기 독점이 이루어지는 곳에는 현실이 없다. 관여는 '너'와의 접촉이 직접적이며 그럴수록 그만큼 더 완전하다.

'나'는 현실에 관여함으로써 현실이 된다. 관여가 완전하면 할수록 '나'는 그만큼 더 현실이 된다.

그러나 관계 사건(Beziehungsereignis)으로부터 떨어져 나가고 스스로 그것을 의식하게 된 '나'라도 그의 현실성을 잃는 것은 아니다. 관여는 '나'의 안에 갖추어지고 살아 있는 것으로 보존되

---

16) 관여(關與, Teilnahme) : '나'와 '너'의 주체가 서로 관계하며 인격적인 교류 작용을 하는 것. '나-너'의 근원어가 가지는 특질 가운데 하나.
17) 하나님께서 난 자마다 죄를 짓지 아니하나니 이는 하나님의 씨가 그의 속에 거함이요(《요한 1서》 3장 9절).

는 것이다. 다시 말하면, "그 씨앗은 그의 안에 남아 있다"[17]고 하는 최고의 관계에 대하여 말한 저 말은 모든 관계에 적용할 수 있는 것이다. 이것이 주체성의 영역이며 거기서 '나'는 자기의 결합과 분리를 동시에 깨닫게 된다. 진정한 주체성은 오직 동적으로만, 즉 자기의 고독한 진리 안에서의 '나'의 진동으로만 깨닫게 되는 것이다. 여기에 또한 점점 더 높아가는, 점점 더 무제한한 관계에 대한 원망(願望), 존재에 대한 완전한 관여에 대한 원망이 형성되고 상승되어 가는 장소가 있는 것이다. 이 같은 주체성 속에서 인격의 정신적 실체는 성숙해 간다.

인격은 자기를 존재에 관여하고 있는 것으로서, 하나의 공존자(共存者)로서, 그리고 그러한 하나의 존재자로서 의식한다. 개적 존재는 자기 자신을 그렇게 존재하며——다르게 존재하지 않는 것(ein So – und – nicht – andersseiendes)으로 의식한다. 인격은 말한다. '나는 존재한다.' 개적 존재는 말한다. '이렇게 나는 존재한다.' '너 자신을 알라'[18]는 말은 인격에게는 '너'를 존재로서 알라는 뜻이며, 개적 존재에게는 '너'의 그렇게 있는 존재(Sosein)를 알라는 뜻이 된다. 개적 존재는 자기를 다른 여러 개적 존재에게서 분리시킴으로써 스스로를 존재에게서 멀리한다.

그렇다고 해서 인격이 자기 존재의 특수성, 남과 다른 점(Anderssein)을 전혀 '포기'해 버린다는 말은 아니다. 이 특수성

---

18) 그리스 델포이 신전에 전해 내려온 잠언의 하나. 소크라테스 사상의 핵심이 되었다.

은 인격에게는 다만 그가 의거할 시점(視點)이 아니라는 것뿐이다. 그것은 다만 거기에 있어서 존재의 틀을 이루고 있는 필요하고도 뜻 깊은 것일 뿐이다. 개적 존재는 이와는 반대로 자기의 특수성을 탐식한다. 오히려 대개의 경우 개적 존재는 스스로 만들어 낸 자기의 특수성의 허구를 탐식한다. 왜냐하면 자기 인식이란 개적 존재에게는 실상 대개의 경우, 하나의 그럴듯한 그리고 자기 자신을 점점 더 철저하게 기만할 수 있는 자기 환상을 만들어 내는 것을 뜻하고, 그것을 바라보고 숭배하며 자기가 그런 존재라고 하는 겉치레의 인식을 만들어 내는 것을 뜻하는 것이기 때문이다. 그러나 자기에 대한 참된 인식은 개적 존재를 자기 부정 —— 또는 재생에로 인도할 것이다.

인격은 자기 자신을 바라본다. 개적 존재는 그의 '내 것 (Mein)', 곧 나의 혈통, 나의 종족, 나의 창작, 나의 독창력 따위에 관계한다.

개적 존재는 현실에 관여하지 않으며 어떠한 현실도 획득하지 못한다. 개적 존재는 타자에게서 자기를 분리시키며, 경험과 이용에 의하여 타자로부터 가능한 한 많은 것을 자기의 소유로 삼으려고 한다. 자기 분리와 소유, 이 두 가지 일을 '그것'과의 관련에서 행하며, 비현실적인 것 안에서 행하는 것, 이것이 그 개적 존재의 역할이다. 개적 존재가 자기로 여기고 있는 '경험과 이용의 주체'는 제아무리 많은 것을 자기의 소유로 삼는다 해도 거기에서는 실체가 자라나지 않는다. 그것은 어디까지나 하나의 점과 같은 것, 기능적인 것, 경험과 이용의 주체로 머물 뿐, 그 이상의 것일 수 없는 것이다. 그의 존재 양태가 아무리 확대되고, 그의 개성(Individualität)이 아무리 강렬하다 해도 그러한 주체가 실체가 되는 데는 아무 소용도 없는 것이다.

두 가지 사람이 있는 것은 아니다. 그러나 인간성에는 두 개의 극(極)이 있다.

어떠한 사람도 순수한 인격이 아니며, 어떠한 사람도 순수한 개적 존재가 아니다. 완전히 현실적인 사람이란 없으며, 완전히 비현실적인 사람도 없다. 모든 사람은 이중의 '나' 속에 살고 있다. 그러나 인격적 경향성이 강하기 때문에 인격이라고 부르고, 개적 존재의 경향성이 강하기 때문에 개적 존재라고 불러도 좋은 사람이 있다. 인격과 개적 존재 사이에서 진정한 역사는 이루어진다.

사람이, 인류가 개적 존재에 의하여 지배되면 될수록 '나'는 더욱 더 깊이 비현실성에로 타락한다. 이러한 시대에는 사람과 인류 안에 깃들어 있는 인격은 ——다시 불러일으켜질 때까지 ——지하의 숨은, 말하자면 무가치한 생존을 이어가는 것이다.

* * *

사람은 그의 '나'가 가지고 있는 인간적 이중성 안에서 근원어 '나 –너'의 '나'가 강하면 강할수록 그만큼 더 인격적이다.

사람은 그가 말하는 '나'에 따라서——즉 그가 '나'라고 말할 때, 어떠한 뜻으로 말하느냐에 따라서——그가 어디에 속하며, 그의 길이 어디로 나 있는지 정해진다. '나'라는 말은 인류가 가지고 있는 참된 암호(暗號, Schibboleth)[19]다.

이 말을 들어 보라!

개적 존재가 말하는 '나'의 울림은 얼마나 빗나간 소리인가! 그것은 자기 모순을 감추려는 꽉 다문 비극적인 입에서 새어나올 때, 큰 동정을 일으킬 수가 있다. 그것은 자기모순을 거칠게 조심성도 아무 생각도 없이 지낄어대는 혼란한 입에서 나올 때, 공포를 자아낼 수 있다. 덧없고 위선적인 입에서 나올 때, 그것은 고통이나 불쾌감을 준다.

분리된 '나'를 과장해서 말하는 사람은 지성에까지 낮추어진 세계정신의 수치를 드러내는 것이다.

그러나 소크라테스가 말하는 생기 있고 힘찬 '나'는 얼마나 아름답고 또 정당하게 울리는 것일까! 그것은 무한한 대화의 '나'이며, 이 대화의 입김은 소크라테스가 걸어간 모든 길에서, 재판관들 앞에서나 감옥에서의 최후의 시간에까지도 감돌고 있었던 것이다. 이 '나'는 대화중에 구체화되어 가는 사람과의 관계 속에 살아 있었다. 이 '나'는 사람의 현실(Wirklichkeit)을 언제나 믿었고 사람들에게로 나아갔다. 그러므로 이 '나'는 그들과 더불어 현

---

19) 암호 : 〈사사기〉 12장 5~6절 참조.

실 가운데 서 있었던 것이다. 그리고 그 현실은 이 '나'를 버리지 않는다. 그의 고독마저 버려질 수 없으며, 사람의 세계가 그에게 침묵할 때에는 이 '나'는 다이모니온이 말하는 '너'[20]를 듣는다.

괴테의 충만한 '나'는 얼마나 아름답고 정당하게 들리는 것일까? 그것은 자연과의 순수한 사귐에 있는 '나'다. 자연은 이 '나'에게 자기를 내어주고 이 '나'와 끊임없이 이야기한다. 자연은 그의 여러 가지 비밀을 이 '나'에게 밝혀준다. 그러나 그러면서도 자기의 비밀을 드러내지 않는다. 괴테의 '나'는 그 같은 자연을 신뢰하고 장미에게 말한다. '그대가 바로 그것이니라.'[21] —— 이 때 이 '나'는 장미와 함께 '하나'의 현실 가운데 서 있는 것이다. 그러므로 이 '나'가 자기를 되돌아볼 때에도 실재적인 것의 정신은 이 '나'의 곁에 머물며, 자기에게도 하나의 태양이 깃들어 있다고 생각하는 그 행복한 눈에는 바라본 태양의 빛이 아직도 비치고 있는 것이다. 그리고 여러 원소들과의 융합은 이 사람을 죽어서 이루는[22] 고요함 속에로 이끄는 것이다.

이렇게 맺어진 자들, 곧 소크라테스나 괴테의 인격이 말한 '너

---

20) 소크라테스가 선(善)에 어긋나는 일을 하려고 할 때 금지하는 소리로 들렸다고 하는 정령(daimonion)의 소리.

21) 브라만과 아트만 : 우주의 근본 원리와 자기의 정신은 하나라고 하는 종교적 인식을 우파니샤드에서는 이와 같이 tat tvam asi라고 표현했다. 부버는 괴테의 자연 인식도 여기까지 이르렀다고 보는 것이다. 괴테의 시(중국-독일의 사계절과 낮 시간)에 나오는 말.

22) Stirb und Werde : 괴테의 유명한 격언. 괴테의 단편 〈자연〉에 나오는 말.

넉하고 참되고 순수한 '나'는 여러 시대를 통하여 울리고 있다.

또 앞으로 말할 것을 앞질러서, 절대적인 관계의 영역으로부터 한 인물을 이끌어 낸다면, 예수가 말하는 '나'는 얼마나 강력하고 거의 압도적이며 그 얼마나 정당한 것일까! 왜냐하면 이 '나'는 절대적 관계의 '나'이며, 그 관계 속에서 예수는 그의 '너'를 아버지라고 부르고 있으며, 그 자신은 오직 아들이고 아들 이외의 다른 아무것도 아니기 때문이다. 예수가 '나'라고 말할 때의 그 '나'는 언제나 그에게 있어서는 오직 절대적인 차원으로 올라가 있던 성스러운 근원어의 '나'만을 뜻하는 것이었다. 분리되어 있다는 생각이 이따금 그를 사로잡는다 하여도 결합의 현실은 그보다 더 크다. 그리고 오직 이 결합으로부터 그는 다른 사람들에게 이야기하고 있는 것이다.

이러한 예수의 '나'를 단지 그 자체로 강한 것이라고 여기거나, 또는 이 사람의 '너'를 단지 우리 가운데 깃들고 있는 것으로 여기고 제한하려 한다거나, 더욱이 실재적인 것, 현재적인 관계로부터 그 현실성을 배제하려는 것은 헛된 시도다. '나'와 '너'는 언제나 그대로이며, 사람은 누구나 '너'라고 말할 수 있으며 그때에 그는 '나'인 것이다. 누구나 사람은 아버지라고 말할 수 있으며 그때에 그는 아들인 것이다. 진실은 언제나 그대로다.

* * *

——그러나 한 사람이 그의 사명을 갈망하여 오직 자기 일에
만 얽매이고 따라서 하나의 '너'에 대한 참된 관계를 모르고 하나
의 '너'의 현전화(現前化)를 모르고 있다면, 그리고 그의 주위의
모든 것이 '그것', 더욱이 그의 일에 이바지하는 '그것'이 되어
버린다면 어떻겠는가? 나폴레옹이 말하는 '나'는 어떻겠는가?
그의 '나'는 정당하지 않은 것인가? 이 경험과 이용의 현상은 인
격이 아니란 말인가?

——사실 일세를 지배한 이 사람은 명백히 '너'의 차원을 몰랐
다. "모든 존재는 그에게 가치(valore)였다"고 하는 말은 진상을
바로 표현하고 있다. 나폴레옹은 그가 몰락한 후에 그를 부정한
신봉자들을 다소 관대한 의미에서 베드로[23]에 비겼지만, 그에게
는 사실은 그를 부정할 수 있는 사람이 아무도 없었던 것이다. 왜
냐하면 그에게는 그가 인격적 실재로 인정한 사람이 아무도 없었
기 때문이다. 그는 수백만의 사람에게 있어 악마적인 '너', 대답
하지 않는 '너'였으며, '너'라는 부름에 '그것'으로 대답하는
'너', 개인적인 영역에 있어서 한갓 허구적으로 대답하는
'너'——오직 자기의 영역, 자기 일의 영역 안에서만, 오직 자기
의 여러 가지 행위로써 대답하는 '너'였다. 이와 같은 악마적인

---

23) 베드로는 예수가 잡힌 다음 세 번이나 예수를 부인하였다(〈마태복음〉 26장
    69~75절 참조).

'너', 그것에게는 어떤 사람도 '너'가 될 수 없는 '너'야말로 바로 역사적 요소의 제한이며, 이 제한에 있어서 결합의 근원어는 그의 실재성을 잃으며, 그의 상호 작용의 성격을 잃는 것이다. 이와 같은 제삼자가 인격과 개적 존재, 자유로운 사람과 자의적인 사람과는 달리, 그들 사이가 아니라, 제삼자로서 운명의 시대에 운명적으로 우뚝 서는 것이다. 그리고 모든 사람이 그를 위해 타오르지만 그 자신은 차가운 불 가운데 서 있을 뿐이다. 수천의 관계가 그에게 향하지만, 그로부터 오는 관계는 없다. 그는 어떠한 진실에도 관여히지 않았지만 사람들은 그를 하나의 진실로 받아들이고 그에게 헤아릴 수 없이 관여해 왔던 것이다.

그는 자기 주위에 있는 사람들을, 자기 일을 위하여 계산하고 이용할 만한 여러 가지 성능을 갖춘 발동기로 여긴다. 그러나 그는 자기 자신도 그러한 발동기로 여기고 있는 것이다(다만 그는 자기의 능력을 언제나 새롭게 실험함으로써 확인하지 않을 수 없으며, 더욱이 그 힘의 한계도 모르고 있다). 그 자신도 스스로 '그것'으로서 다루어지는 것이다.

그러므로 그가 말하는 '나'는 생명이 있는 힘찬 '나', 충만한 '나'가 아니다. 그렇다고 (근대의 개별 인간과 같은) 자기를 힘차고 충만한 것처럼 보이게 하는 '나'도 물론 아니다. 그는 자기에 대하여 전혀 말하지 않는다. 그는 다만 '자기로부터' 말할 뿐이다. 그가 말하고 쓰고 있는 '나'는 그의 확정과 명령을 전하는 데 필요한 (문법적) 주어이며 그 이상도 그 이하도 아니다. 그의

'나'에는 주체성이 없다. 그러나 또한 자기가 그렇게 존재하고 있다고 하는 자기 의식이 없을뿐더러 자기 환상을 그려내는 망상도 없다. "나는 시계다. 존재하고 있을 뿐 스스로를 모르는 시계다."——이렇게 그는 자기의 운명적인 특질, 곧 현상인 자기의 현실성과 그의 '나'의 비현실성을 말하고 있는데, 이것은 그가 그의 일에서 물러났을 때의 일이다. 그리고 이때에 비로소 그는 자기에 대하여 말하고 생각하고 또 자기의 나를 생각하지 않을 수 없으며, 또 생각할 수가 있는 것이다——그의 '나'는 이제야 비로소 나타난 것이다. 이렇게 나타나는 '나'는 한갓된 주체가 아니지만 또한 주체성에 이른 것도 아니다. 그리고 이 '나'는 미몽에서 깨어나기는 했지만 구원받은 것은 아니며, '만유(萬有)가 우리를 보고 있다'고 하는 정당하기도 하고 정당하지 않기도 한 두려운 말로 자기를 말하고는 마침내 다시 신비 속에 가라앉고 만다.

이와 같은 걸음과 몰락을 보고서 어느 누가 감히 "그는 그의 거창하고도 괴물스러운 사명(使命)을 이해하고 있었다"거나 또는 "그는 그것을 오해하고 있었다"고 주장할 수 있겠는가? 확실한 것은 이 악마적인 현실성을 상실한 자를 지배자, 그리고 모범으로 가졌던 시대가 그를 오해하였다는 것이다. 그의 시대는 자기를 지배하고 있는 것이 지령과 집행이며 권력욕과 권력의 향수가 아님을 모르고 있다. 사람들은 그의 이마에 나타난 명령자다움에 열광하고, 그 이마에 마치 시계의 문자판 위에 박혀 있는 숫

자처럼 씌어 있는 표지를 감득하지 못하는 것이다. 그들은 그가 다른 사람을 보는 눈초리를, 그 눈초리의 곤궁과 강제를 이해하지 못하고 흉내 내기 바쁘며, 이 '나'의 일의 엄격함을 끓어오르는 자기 확신과 혼동하게 된다. '나'라는 말은 인류의 변함없는 암호다. 나폴레옹은 이 말을 관계의 능력이 없이, 그러나 실행하는 '나'로서 말했던 것이다. 그를 좇아서 이 '나'를 말하려고 애쓰는 사람은 구원받을 수 없는 자기 모순을 드러낼 뿐이다.

* * *

——자기모순이란 무엇인가?

——만일 사람이 관계의 아프리오리(Apriori)를 세계와 접함으로써 확증하고, 타고난 대로의 '너'를 만남의 상대와 접촉함으로써 달성하고 실현하지 않는다면, 이 타고난 대로의 '너'는 내면으로 공격해 들어간다. 그것은 부자연하고 부조리한 대상, 곧 '나'를 상대로 하여 전개하게 된다. 즉 전개하기 위한 터전이 전혀 없는 곳에서 그것은 전개한다는 것이다. 그리하여 이때 사람이 자기 자신 속에서 그 '너'와 마주 서는 일이 일어나게 된다. 그것은 관계도, 현재도, 오가며 흐르는 상호 작용도 될 수 없으며 오직 자기 모순일 수밖에 없다. 그 사람은 그것을, 자기 분열의 공포에서 몸부림치며 달아나기 위하여 이를테면 일종의 종교적인 관계로 이해하려고 노력할지도 모른다. 그러나 그는 그 해석

의 속임수를 언제나 밝히지 않으면 안 된다. 여기에 있는 것은 삶의 변경이다. 성취될 수 없는 것이 여기 이 변경 지대에서 성취의 허망한 가상에로 도피하는 것이다. 그러나 그것은 이제 미로에서서 이리저리 더듬거리면서 점점 더 깊이 빠져 버리고 만다.

* * *

때때로 사람은 나와 세계 사이의 소원함에 몸서리칠 때, 무엇인가 하지 않으면 안 된다는 생각에 사로잡힌다. 그대가, 이를테면 곤경에 처한 한밤중에 뜬눈으로 꿈을 꾸면서 고통 속에 누워있을 때, 그대의 삶의 보루는 무너지고 심연은 소리 지르고 있다. 그때 그대는 그 고뇌의 한가운데서 감지한다. 목숨은 아직도 있다. 나는 오직 거기에 이르기만 하면 되는 것이다──하지만 어떻게, 어떻게 해서? 이렇듯 사람은 깊이 생각하는 시간에 몸서리치고, 깊이 헤아리며 방향을 잃게 된다. 아니, 그는 어쩌면 가야할 방향을 알고 있다. 희생을 넘어서서 열리는 전환의 방향을, 의식의 아주 밑바닥에서 달갑지는 않지만 알고 있다. 그러나 그는 이 의식을 물리친다. '신비한 것(das Mystische)'은 전기 태양 앞에 물러서지 않을 수 없는 것이다. 그는──당연하지만──그가 크게 신뢰하는 사상을 불러들인다. 그것으로 모든 것을 보상받고 싶은 것이다. 의지하고 믿을 수 있는 세계상(世界像)을 그려내는 일은 바로 사상의 고등기술이다. 그리하여 사람은 이러한 그의 사상을 보고 말한다.

「잔인한 눈을 하고 여기 누워 있는 무시무시한 자[24]를 보라 ——그것은 내가 일찍이 같이 놀던 바로 그 상대가 아닌가? 그것이 그때 바로 저 눈으로 나에게 웃음 짓던 일을 지금도 기억하는지? 그때 그 눈은 좋았었지. 그런데 이 비참한 나를 보라——나는 그대에게 고백하겠소. 그것은 텅 비어 있소. 그리고 내가 경험과 이용에 의하여 어떤 것을 내 안에 부어 넣는다 해도 그것은 나의 텅 빈 속에 흘러들어오지 않는다네. 그대는 나와 그것의 사이를 회복하고, 그리하여 그것을 흘려보내고 나를 회복하도록 하지 않으려는가?」

그러면 충실하고도 교묘한 그 사상은 그의 유명한 신속함으로써 하나의——아니, 두 개의 두루마리 그림을 오른쪽 벽과 왼쪽 벽에 그리는 것이다. 한쪽 벽에는 우주가 있다(라기보다는 생겨난다. 왜냐하면 이 사상이 그리는 세계상들은 믿을 만한 영화와 같기 때문이다). 별들의 소용돌이로부터 조그마한 지구가 떠오르고, 지구 위의 우글거림으로부터 자그마한 인간이 떠오르고, 그러고는 이제 역사는 모든 시대를 통하여 계속하여 그를—— 문화의 개미 둑을 짓밟고는 끈기 있게 다시 쌓아올리도록 하면서 싣고 간다. 그 두루마리 그림의 아래쪽에는 '하나이며 만물(Eins und alles)'이라고 씌어 있다. 다른 한쪽에는 영혼이 나타난다.

---

24) 세계를 가리킨다.

한 사람의 실을 잣는 여인이 모든 별들의 운행과 모든 피조물의 삶과 세계의 전 역사를 자아간다. 모든 것은 한 가닥의 실로 자아지며, 이미 별들이라거나 피조물 또는 세계라고 불리지 않고, 감각, 표상 또는 체험이라든가 혼의 상태라고 불린다. 그리고 이 두루마리 그림의 아래쪽에도 '하나이며 만물'이라고 적혀 있다.

그때부터 사람은 '나'와 세계 사이의 소원함에 몸서리치며 세계에 의하여 위협받을 때마다 눈을 들어(그때 그때 눈길이 가는 대로 오른쪽 또는 왼쪽 벽을 향하여) 어느 한 그림을 바라보는 것이다. 그리고 그는 '나'라는 것은 세계 속에 끼어 있고, 본래적으로는 전혀 존재하지 않으며, 따라서 세계는 '나'에게 아무런 해도 끼칠 수 없음을 알아차리고 안심한다. 그리고 언젠가 다른 때에 '나'와 세계의 소원함에 몸서리치고 '나'에 의하여 위협받을 때면 사람은 눈을 들어서 어느 한 그림을 바라보는 것이다. 그리고 그가 어느 그림을 보든 마찬가지다. 그의 텅 빈 '나'는 세계로 꽉 차 있든가 아니면 세계의 흐름 속에 침수되어 있는 것이다. 그리고 그는 안심한다.

그러나 하나의 순간이 온다. 그리고 그 순간은 가까이 왔다. 그리고 그때 몸서리치는 사람은 눈을 들어 번개 속에서 홀연히 두 그림을 보는 것이다. 그리고 보다 깊은 전율이 그를 사로잡는다.[25]

---

25) 묵시문학풍의 표현으로 안일하고 천박한 현대 문화와 사상의 배후에 숨어 있는 위기를 찌르고 있다.

3부

영원한 너

뭇 관계의 연장선은 영원한 '너' 안에서 서로 만난다.

모든 낱낱의 '너'는 영원한 '너'를 들여다보는 틈바구니다. 낱낱의 '너'를 통하여 저 근원어는 영원한 '너'에게 말을 건다. 모든 존재에 깃들어 있는 이 '너'의 중개에 의하여 모든 낱낱의 존재자에 대한 관계는 실현되기도 하고 또 실현되지 않기도 한다. 태어난 대로의 '너'[1]는 모든 낱낱의 관계에서 실현되지만 어떠한 관계에서도 완성되지는 않는다. 태어난 대로의 '너'는 오로지 본질적으로 '그것'이 될 수 없는 저 '너'에 대한 직접적인 관계에서만 완성되는 것이다.[2]

---

1) das eingeborene Du: 생득(生得)의 '너', 타고난 '너'.
2) 3부에서는 1부와 2부를 바탕으로 하여 근원어 '나-너'에 의한 영원한 '너'에 이르는 길을 제시한다.

* * *

사람들은 그들의 영원한 '너'를 여러 가지 이름으로 불러왔다. 그들이 그렇게 여러 가지 이름으로 불러 온 존재에 대하여 노래했을 때, 그들은 언제나 마음속에 '너'를 품고 있었다. 맨 처음 신화(神話, Mythe)는 송가(頌歌, Lobgesang)였다. 그러다가 이름들은 '그것'의 언어(Essprache) 속에 깃들게 되었다. 사람들은 점점 더 그들의 영원한 '너'를 하나의 '그것'으로 생각하고 말하지 않을 수 없게 되었다. 그러나 모든 신(神)의 이름은 여전히 거룩하게 받들어지고 있다. 왜냐하면 그 이름을 부를 때에는, 단지 그 신에 대해서 이야기하는 것만이 아니라 또한 그 신을 향해 이야기하고 있는 것이기 때문이다.

많은 사람들은 신이라는 말이 너무 오용되고 있다는 이유로 그것을 정당하게 사용하는 일마저 거부하려고 한다. 그리고 확실히 이 말은 모든 인간의 말 중에서 가장 무거운 짐을 지고 있다. 바로 그렇기 때문에 이 말은 무엇보다도 불멸의 것이며 또한 피할 수 없는 것이다. 그리고 신을 불렀던 모든 사람들이 마음속에 신을 품고 있었다고 하는 하나의 진리에 비추어 본다면, 설령 사람들이 신의 존재와 역사(役事)에 대해 어떤 잘못된 말을 했다 하더라도(이 문제에 대하여 사람들은 지금까지 한 번도 올바른 말을 한 적이 없으며 또 그럴 수도 없는 것이지만) 그것이 무슨 문제가 되겠는가? 신의 이름을 부르며 마음속에 참으로 '너'를 품고 있는 사람이라면, 그가 비록 그 어떤 망상에 사로잡혀 있다 하더라도 자기 생명의 참 '너'를 부르고 있는 것이다. 이 '너'는 다른 어떤 '너'에 의해서도 제약받지 않으며, 사람은 이 '너'에 대하여 다른 모든 관계를 포괄하는 저 하나의 관계 속에 서 있다.

그러나 또한 신의 이름을 부르기를 꺼리고 신이 없다고 잘못 생각하고 있는 사람이라 하더라도, 그가 만일 다른 어떤 것으로써도 제약할 수 없는 자기 생명의 참 '너'를 향하여 온 존재를 기울여 부른다면 그는 곧 신을 향해 부르는 것이 된다.

* * *

우리가 어떤 길을 가다가 맞은편에서 같은 길을 걸어오는 사람과 만났다고 할 때, 우리는 다만 우리가 걸어온 쪽의 길만 알 뿐 상대편이 걸어온 쪽의 길은 알지 못한다. 우리는 다만 그와의 만남에서 그가 걸어온 길을, 말하자면, 체험할 수 있는 것이다.

'나와 너'라는 완전한 관계의 과정에 있어서도, 우리는 다만 우리가 살아온 양상에 따라서 우리가 살아왔다는 것, 우리가 걸어온 길을 알 수 있을 뿐이다. 상대편이 걸어온 길은 다만 우리에게 마주쳐지는 것일 뿐이고, 우리는 그 길을 알지 못한다. 우리는 만남 속에서 그것과 마주치게 된다. 그런데도 우리가 그것을 마치 만남 저편의 어떤 것인 양 말한다면, 그것은 잘못을 저지르는 것이다.

우리가 생각하고 염려해야 하는 것은 상대편이 아니라 우리 쪽이며, 은총이 아니라 우리의 의지다. 은총은 우리가 그것에로 나아가고 그것이 나타남을 고대하는 한에 있어서 우리에게 관계한다. 은총은 우리의 대상이 아니다.

'너'는 '나'와 마주 서 있다. 그러나 나는 '너'와의 직접적인 관계 속으로 걸어 들어간다. 이렇듯 관계란 선택받는 것인 동시에 선택하는 것이며, 수동인 동시에 능동이다. 왜냐하면, 무릇 온 존재를 건 하나의 행위에 있어서는 모든 부분적인 행위는 지양되며, 따라서(한갓 부분적인 행위의 한계성에 근거를 둔) 모든 행동 감각도 지양되므로 그 행위의 능동성은 수동과 비슷하게 되지 않을 수 없기 때문이다.

이것이 전적(全的)인 존재로 된 인간의 행위이며, 사람들이 무위(無爲, Nichttun)라고 부르는 행위다. 이때 그 인간에게 있어서 낱낱의 것, 부분적인 것은 하나도 움직이지 않으며, 따라서 그도 이 세상에 조금도 관여하지 않는다. 여기서는 자기의 전체성으로 통일된, 그의 전체 안에서 쉬고 있는 인간이 활동한다. 여기서는 인간이 하나의 활동하는 전체가 되어 있다. 이러한 상태에서 불변성을 획득하였다는 것은 최고의 만남에로 나아갈 수 있게 되었음을 뜻한다.

그러기 위해서 사람은 감각의 세계를 가상(假象)의 세계라고 내버릴 필요가 없다. 가상의 세계란 없다. 오직 이 세계가 있을 뿐이다. 물론 이 세계는 우리가 취하는 이중의 태도에 따라서 이

중으로 나타난다. 벗어 버려야 하는 것은 오직 서로를 떼어 놓고
있는 마력이다. 또한 '감각적 경험을 넘어설' 필요도 없다. 모든
경험은, 비록 정신적인 경험일지라도 고작 하나의 '그것'을 우리
에게 넘겨 줄 수 있을 뿐이다. 또 이념이라든가 가치의 세계로 마
음을 돌릴 필요도 없다. 왜냐하면 이들 이념과 가치의 세계는 우
리에게 현전될 수 없기 때문이다. 이 모든 것은 필요하지 않다.
무엇이 필요하다고 말할 수 있을까? 지시라는 의미로써는 되지
않는다. 인간 정신이 여러 시대에 걸쳐서 지금까지 생각해 내고
꾸며낸 지시, 곧 지금까지 제안되어 온 준비, 수련, 명상[3] 따위는
모두 만남이라고 하는 근원적으로 단순한 사실과는 아무 상관도
없다. 비록 이러저러한 수련의 덕택으로 뛰어난 인식이나 감화력
을 얻을 수 있다 하더라도, 그 모든 것은 여기서 말하는 저 만남
의 사실과는 아무 상관도 없다. 그것들은 '그것'의 세계에 자리
잡고 있으며, 거기에서 한 걸음도, '결정적인 한' 걸음도 내딛지
않는다. 지시의 의미로는 그것의 세계에서 걸어 나가는 법을 가
르칠 수 없다. 그것은 다만 말하자면, 다른 모든 것을 배제하는
하나의 원(圓)을 그림으로써 암시해 볼 수 있을 뿐이다. 그때에
매우 중대한 한 가지 사실이 명백해진다. 즉 현재를 완전히 받아
들인다고 하는 것이다.

　물론 이와 같은 받아들임은 인간이 분리되어 있는 상태에 빠

---

3) 명상(Versenkung) : 몰입, 침잠이라는 뜻이지만 여기서는 불교의 dhyaga를
　뜻하는 것으로 보아 명상(meditation)으로 옮겼다.

112

져 있으면 있을수록 그 만큼 더 어려운 모험, 그만큼 더 근본적인 전환을 전제로 하게 된다. 그러나 그것은 신비주의가 대개의 경우 뜻하고 있는 '나'의 포기와 같은 것은 아니다. '나'는 모든 관계에서와 마찬가지로 최고의 관계에서도 없어서는 안 되는 것이다. 왜냐하면 관계는 '너'와 '나' 사이에만 생길 수 있기 때문이다. 그러므로 포기해야 되는 것은 '나'가 아니라 저 그릇된 자기 주장의 충동(Selbstbehauptungstrieb), 즉 의지할 수 없으며, 엉성하고, 지속성도 없고 앞을 내다볼 수 없는 위험한 관계의 세계로부터 사물을 소유하는 것에로 인간을 도피하게 하는 자기 주장의 충동인 것이다.

* * *

이 세계의 어떤 존재(Wesen)나 어떤 실재(Wesenheit)[4]와의 진실한 관계는 모두 배타적이다. 진실한 관계에 있는 '너'는 해방되어 밖으로 걸어 나와 있으며 오직 홀로 마주 서 있다. 그러한 '너'는 온 하늘에 가득 차 있다. 그러나 그것은 마치 다른 아무것도 존재하고 있지 않다는 듯이 그런 것이 아니다. 오히려 다른 모든 것은 '그 〈너〉의' 빛 속에서 살고 있는 것이다. 관계의 현전이 계속되는 한 이러한 관계의 세계는 침해받지 않는다. 그러나

---

4) Wesen과 Wesenheit는 실상 구별해 옮기기 힘들다. 영역에서는 다같이 being, 김천배 역에서는 존재 및 생명으로 되어 있다.

'너'가 그것으로 바뀌자마자 관계의 세계는 이 세계에 대한 부정(不正)이 되며, 그 배타성은 만물을 배제하는 것으로 나타난다.

신에 대한 관계에서는 무조건적인 배타성과 무조건적인 포괄성은 동일한 것이다. 이 절대적인 관계에 들어서는 사람은 이미 낱낱의 것과는 관계하지 않는다. 사물이건, 사람이건, 땅이건, 하늘이건, 그 아무것과도 관계하지 않는다. 그러나 모든 것은 이 절대적인 관계 속에 포괄되어 있다. 왜냐하면 이 순수한 관계에 들어선다는 것은 모든 것을 무시하는 것이 아니라 모든 것을 '너' 안에서 보는 것이며, 세계를 단념하는 것이 아니라 세계를 그의 근저에 세우는 것이기 때문이다. 세계로부터 눈을 돌리는 것으로는 신에게 이르는 데 도움이 되지 못한다. 세계를 응시하는 것도 역시 신에게 이르는 데 도움이 되지 못한다. 그러나 세계를 신의 안에서 바라보는 사람은 신의 현전 속에 있다. '여기에는 세계, 저기에는 신'[5]——이것은 '그것의 말(Esrede)'이다. '세계 안에 계시는 신'——이것 또한 하나의 '그것의 말'이다. 그러나 아무것도 배제하지 않으며, 아무것도 내버리지 않고, 모든 것을——이 세계의 모든 것을 '너' 안에서 포괄하는 것, 세계에서 그의 권리와 진리를 주는 것, 어떤 것도 신과 나란히 두지 않고, 모든 것을 신 안에서 파악하는 것, 이것이 완전한 관계다. 세계 안에 머물러 있으면 신을 발견하지 못한다. 세계 밖으로 나가도 신을 발

---

5) Hier Welt, dort Gott의 번역.

견하지 못한다. 온 존재를 기울여 자신의 '너'에게 나아가고 세계에 있는 모든 존재를 자신의 '너'에게 가져가는 사람만이 사람들이 찾을 수 없는 신을 발견하는 것이다.

확실히 신은 '완전한 타자(das ganz Andere)'[6]다. 그러나 그는 또한 완전한 자기(das ganz Selbe)이다. 즉 완전한 현전자(現前者, das ganz Gegenwärtige)이다. 확실히 그는 나타나고 압도하는 두려운 신비(Mysterium tremendum)[7]이다. 그러나 그는 또한 '나'와 '나'보다도 나에게 가까이 있는 지명한 것의 비밀이기도 하다.[8]

만일 그대가 사물과 제약된 존재자의 생명의 근본을 캐 보려고 한다면 그대는 사람의 힘으로는 도저히 풀 수 없는 어떤 것에 부딪힐 것이다. 만일 그대가 사물과 제약된 존재자의 생명을 부정한다면 그대는 무(無) 앞에 서게 될 것이다. 만일 그대가 그 생

---

6) 루돌프 오토(Rudolf Otto, 1869~1937)가 그의 저서 《거룩한 것(Das Heilige)》(1917)에서 신성(神性)을 가리키는 것으로 종교학과 신학에 도입한 개념. 또한 키르케고르의 영향 아래 칼 바르트(K. Barth)가 인간과 이 세계를 떠나서 계시는 신을 가리킬 때 쓰는 중요한 개념의 하나다(절대 타자라고 번역되기도 한다). 이 절대 타자는 '두려운 신비'로 체험된다.

7) R. 오토는 《거룩한 것》에서 종교의 근본 경험을 누미노제(Numinose)라고 하고 6항목으로 설명했다. '두려운 신비'는 그 두 번째 것으로 일상적 경험의 공포와는 달리 사람의 지체를 마비시키며 멈칫하게 하고 오싹 소름끼치게 하는 정서를 말한다. '황홀한 신비(Mysterium fascinasum)'와 함께 종교 경험의 양극을 이루는 것으로 여겨지고 있다.

8) 아우구스티누스를 비롯하여 에크하르트 같은 중세의 신비주의자들이 즐겨 쓴 말. 하나님과 인간 관계의 밀접함을 나타내기 위한 역설적인 표현이다. 이 말은 주 7)의 '황홀한 신비'와 관련되어 있다.

명을 거룩하게 여기면 그대는 살아 계신 신을 만날 것이다.[9]

* * *

   모든 낱낱의 '너'와 관계를 맺고 있는 사람에게 있어서, '너'를 찾는 마음(Du –Sinn)은 그 '너'가 '그것'으로 바뀌고 마는 환멸을 맛보게 된다. 그리하여 사람은 모든 낱낱의 '너'를 넘어서면서도 그들을 떠나는 일 없이 그의 영원한 '너'에게 이르려고 노력한다. 하지만 그것은 어떤 무엇을 찾는 것과는 다르나. 실상 신을 찾는다는 일(Gott – suchen)은 있을 수 없다. 왜냐하면 어떤 것이든 그 속에 신이 깃들어 있지 않은 것은 하나도 없기 때문이다.[10] 신을 찾기 위하여 그의 삶의 길에서 벗어나는 사람은 얼마나 어리석고 희망이 없는 것일까! 비록 그가 고독의 지혜와 자기 집중의 모든 능력을 얻었다 하더라도 그는 신을 만나지 못할 것이다. 그보다는 차라리 자기의 길을 걸어가면서 다만 그 길이 바로 '신에게 이르는' 길이기를 원하는 편이 낫다. 그의 노력은 그의 소원의 힘 가운데 나타난다. 모든 관계 사건은 사람에게 저 성

---

9) 이 구절의 표현은 하나님의 불꽃이 만물 속에 깃들어 있다고 하는 '이 세계에서의 하나님의 집(Shechinah)'에 대한 유대신비주의인 Kabbala나 Hasidism 사상에서 온 것 같다.

10) 그러나 이것은 분명히 범신론(pantheism)은 아니다. 모든 것이 곧 신은 아니기 때문이다. 모든 것 속에 하나님이 깃들어 있다고 보는 이 표현은 panentheism(만유내재신론)이라고 할 수 있겠다.

취된 사건을 보여주는 중간 정거장이다. 그러므로 그는 낱낱의 관계 사건의 모든 점에 참여하고 있지 않지만 그러나 또한 그는 기다리고 있음으로 해서 참여하고 있는 것이다. 기다리고 있는 것이지 찾는 것이 아니다. 그는 그의 길을 가고 있다. 그러기에 그는 모든 사물과, 그리고 그 사물들에 도움을 주는 접촉에 대하여 태연하다. 그러나 그가 신을 발견했을 때에도 그의 마음은, 비록 모든 것을 그 하나의 관계 속에서 만날지라도 그 사물에게서 떠나 있는 것은 아니다. 그는 지금까지 그를 숙박시켜 준 모든 방과 또 앞으로 그가 숙박하게 될 모든 방을 축복한다. 왜냐하면 이 발견은 그의 길의 마지막이 아니라 그의 영원한 중간 지점에 지나지 않기 때문이다.

그것은 찾음이 없는 발견이며, 가장 근원적인 것과 근원 자체를 드러내는 것이다. 영원한 '너'를 발견할 때까지는 만족하지 못하는, '너'를 찾는 마음(Du – Sinn)은 실은 그 영원한 '너'를 처음부터 현재적으로 가지고 있었던 것이다. 다만 그의 현전은 거룩해진 세상에서의 삶의 현실로부터 전적으로 실현되어야만 하는 것이다.

신은 어떤 무엇으로부터 추론될 수 있는 것이 아니다. 이를테면 자연으로부터 그의 창조주로서, 또는 역사로부터 그의 지배자로서, 또는 주체로부터 그의 안에서 사고하는 자기(das Selbst)로서 추론될 수 있는 것이 아니다. 즉 신 이외의 어떤 다른 것이 '주어지고' 거기에서부터 연역되는 것이 아니라, 신은 우리에게 직접 그리고 우선적으로, 그리고 지속적으로 마주 서 있는 존재자이다. 그러므로 신은 정당하게는 오직 부를 수 있을 뿐, 진술될 수 없다.

* * *

사람들은 신과의 관계에서 본질적인 요소를 감정으로 보는데, 그것은 의존감정(Abhängigkeitsgefühl),[11] 요즘은 보다 정확하게 피조물 감정(Kreaturgefühl)[12]이라고 부른다. 이 요소를 이끌어 내고 규정한 일이 옳기는 하지만 그것을 일방적으로 강조하는 것도 완전한 관계의 성격을 크게 오해하게 만든다.

앞에서 사랑에 대하여 말한 것이 여기서는 더욱 분명하다. 즉 감정은 마음속에서가 아니라, '나'와 '너' 사이에 이루어지는 관계의 형이상학적이고도 초(超)심리적인 사실에 수반되어 일어나는 것이다. 사람은 감정을 매우 중요한 것으로 이해할지도 모른다. 그러나 그것은 마음의 역학(力學, Dynamik)의 지배 아래 있으며, 거기서는 하나의 감정이 다른 감정에 의하여 능가되고, 압도되고, 지양되고 하는 것이다. 감정은——관계와는 달리——

---

11) 종교의 본질에 관한 슐라이어마허(F. D. Schleiermacher, 1768~1834)의 정의. '절대 의존 감정(schlechthinniges Abhängigkeitsgefühl)'에 의하여 종교학, 신학에 도입된 개념이다.
12) R. 오토가 슐라이어마허를 비판하면서 의존감정보다도 종교의 본질을 올바로 나타내는 것이라 하여《거룩한 것》에서 주장한 개념. 이하는 이러한 정서주의에 대한 부버의 비판이다.

하나의 단계를 이루고 있다. 그런데 모든 감정은 무엇보다도 일종의 양극적(兩極的)인 긴장의 내부에 자리 잡고 있어서 그의 색깔과 의미를 자기 자신에게뿐만 아니라 자기의 대극(對極)에서도 이끌어 낸다. 모든 감정은 그 반대되는 것에 의하여 한정된다. 그리하여 절대적 관계라고 하는 저 모든 상대적 관계를 자기의 현실 속에 포괄하며 그들과 같은 부분적인 것이 아니라 그들을 완성하고 하나로 만드는 전체마저도 심리학에서는 이끌어 내어지고 한정된 하나의 감정에로 환원됨으로써 상대화되고 마는 것이다.

심령의 차원에서 볼 때 완전한 관계는 오직 양극적으로만, 오직 반대의 일치(coincidentia oppositorum),[13] 즉 서로 반대되는 감정의 일치로서만 파악될 수 있다. 물론 한쪽 극은 때로——사람의 종교적인 근본 태도에 의하여 억제되어—— 반성하는 의식에서는 사라져 버리고 오직 가장 순수하고 솔직한 깊은 의식에서만 상기될 수 있을 뿐이다.

그렇다. 그대는 순수한 관계에서 다른 어떤 관계에서도 느낄 수 없는 절대적인 의존감을 느끼며——또한 다른 어떤 때, 어떤 장소에서도 느낄 수 없는 절대적인 자유를 느낀다. 즉 피조물다운——그리고 동시에 창조자다운 느낌을 느끼는 것이다. 그때

---

13) 독일의 신학자 니콜라우스 쿠자누스(Nicolaus Cusanus, 1401~1464) 사상의 근본 원리. 쿠자누스는 에크하르트의 신비주의에 크게 영향을 받았는데, 부버는 그의 학위 논문에서 이 두 사람을 다루었다.

그대는 이미 한쪽에 의하여 제약받는 어느 한쪽이 아니라 양쪽을 무제한으로 그리고 함께 가지고 있는 것이다.

그대는 마음속에서 언제나 그대가 그 어떤 것보다 더 신을 필요로 하고 있음을 알고 있다. 그러나 그대는 또한 신이 그의 영원한 충만 중에서도 그대를 필요로 하고 있음을 알지 못하는가? 만일 신이 인간을 필요로 하지 않는다면 어떻게 인간이 있을 수 있으며, 그대가 있을 수 있겠는가? 그대는 존재하기 위하여 신을 필요로 한다. 그리고 신은 바로 그대의 삶의 의미가 되는 것을 위하여 그대를 필요로 한다. 수많은 교훈이나 시가(詩歌)들은 신에 대하여 보다 많은 것을 말하려고 애쓰며, 실제로 너무 많이 말하고 있다. '생성되는 신'에 대한 이야기란 그 얼마나 불투명하고 주제넘은 잡담일까!──그러나 존재하고 있는 신의 생성이 있음을 우리는 마음으로 굳게 알고 있다. 세계는 신의 놀이가 아니다. 세계는 신의 운명이다. 세계가 있고, 인간이 있고, 인간의 인격이 있고, 너와 내가 있다는 것, 여기에 신적인 의미가 있는 것이다.

창조 ──그것은 우리에게서 일어나고 우리에게 작렬해 들어오고, 우리를 개조한다. 우리는 떨고 소멸된다. 우리는 굴복한다. 창조──우리는 그 일에 동참한다. 우리는 창조자를 만나고 그에게 우리를 협력자요 동반자로서 바친다.

두 위대한 종, 곧 기도와 희생이 시대를 따라간다. 기도드리는 사람은 절대적으로 의존하면서 자기를 기울이며 비록 신으로부터 아무런 응답이 없어도 자기가 ──이해할 수는 없지만──신에게 작용하고 있음을 안다. 왜냐하면 그가 이미 자기를 위하여 아무것도 요구하지 않을 때 그는 그의 작용이 최고의 불꽃을 이루고 타오르는 것을 보기 때문이다. 그러면 희생드리는 사람은 어떠한가? 나는 그 사람, 곧 신이 번제(燔祭)의 향(香)을 원한다고 생각하였던 옛날의 정직한 종을 멸시할 수 없다. 그는 어리석게도 그러나 꿋꿋하게 사람은 신에게 드릴 수 있으며 또 드려야 한다는 것을 알고 있었던 것이다. 그런데 자기의 작은 의지를 신에게 제물로 바치고 큰 의지 가운데서 신을 만나는 사람이라면 또한 누구나 이것을 알고 있다. 그는 "당신의 뜻이 이루어지이다"라는 말밖에 하지 않는다. 그러나 진리는 그를 대신하여 계속 말한다. "당신이 필요로 하는 이 나를 통해서"라고. 희생과 기도가 모든 마술과 다른 점은 무엇일까? 마술은 관계에 들어서지 않고 작용하려고 하며, 허공에서 재주를 부린다. 그러나 희생과 기도는 '신 앞에' 서며 상호 작용을 뜻하는 거룩한 근본어의 완성에 들어선다. 희생과 기도는 '너'라고 말하고 또 듣는다.

순수한 관계를 의존으로 이해하려는 것은 관계의 한쪽을, 따라서 관계 자체를 비실재화(entwirklichen)하려는 것이다.

* * *

똑같은 일이 반대의 경우에서도 일어난다. 즉 자기에의 몰입[14] 또는 침잠을 종교적 행위의 본질적인 요소로 본다면 ——그 몰입이 '나'의 모든 제약성으로부터 벗어나는 데서 오는 것이든, 생각하면서 존재하고 있는 일자(一者)로서 자기를 파악하는 데서 오는 것이든 간에 ——관계는 실재성을 잃게 되는 것이다. 전자의 경우에는 신이 아집에서 벗어난 존재자 안에 들어가거나, 아니면 이 존재자가 신에게 승화된다고 생각한다. 후자의 경우에는 존재자 자체가 직접 신적인 일자로서의 자기 자신 속에 서 있는 것이라고 생각한다. 그러므로 전자에 의하면 어떤 최고의 순간에 '너'라고 부르는 일을 그만두게 된다. 왜냐하면 거기에는 이미 이원성(Zweiheit)이 존재하지 않기 때문이다. 후자에 의하면 도대체 '너'라고 부르는 일은 실제로 있을 수가 없다. 왜냐하면 사실 이원성이란 존재하지 않기 때문이다. 전자는 인간적인 것과 신적인 것의 합일(Vereinigung)을 믿으며, 후자는 그의 동일성(Identität)을 믿는다. 양자가 다 '나'와 '너'의 피안을 주장하고 있는 바, 전자는 하나의 ——이를테면 황홀경 속에서 생기는 것인 반면에 후자는 하나의 존재하면서 ——이를테면 사고하는 주관의 자기 관조 속에서 ——스스로를 드러내는 것이다. 그리하여 양자가 다 관계를 지양한다. 전자는 '나'가 '너'에게 흡수당함으로써, 말하자면 동적으로 관계를 지양한다. 이때 '너'는 이미 '너'가 아니라 홀로 있는 자(das Alleinseiende)이다. 후자는 자기에로 해방된 '나'가 스스로를 홀로 있는 자로 인식함으로써, 말하자면 정

---

14) 몰입(Versenkung) : 본문 112페이지에서는 명상으로 옮겼으나 여기서는 영역 immersion을 따라 몰입으로 옮겼다.

적으로 관계를 지양한다. 만약 의존설(依存說)이 순수한 관계 세계의 구름다리에서의 '나'를 너무 약하고 무가치한 것으로 보아 그의 떠받치는 힘을 믿을 수 없게 만드는 것이라면, 몰입설(沒入說)의 경우에도 그 하나는 몰입이 이루어질 때에 구름다리를 소멸시켜 버리며, 또 하나는 그것을 극복해야 할 환영으로 취급하는 것이다.

몰입설은 동일화(Identifizierung)를 일러주는 두 위대한 말씀을 증거로 끌어 댄다──한쪽은 특히 요한이 전한 복음서의 '나와 아버지는 하나다'[15]란 말을, 그리고 또 다른 쪽은 산딜랴(Sandilya)의 가르침 "만물을 품고 있는 자, 그는 내 마음속에 있는 나 자신이니라"[16]를 끌어 댄다.

이 말들의 길은 서로 대립된다. 전자는 (지하를 흐른 다음에) 한 인격의 신화적으로 위대한 삶으로부터 솟아 나와서 하나의 가르침으로 전개되었다. 후자는 하나의 가르침으로부터 떠올라서 한 인격의 신화적으로 위대한 삶에로 (비로소) 흘러들어갔던 것이다. 이 길들을 걸어가면서 이들 말씀의 성격도 변해 갔다. 요한

---

15) 〈요한복음〉 10장 30절.
16) 〈찬도갸 우파니샤드(Khandogya Upanishad)〉 3편 14장에 되풀이되어 나오는 산딜랴의 말. 산딜랴는 인도 우파니샤드의 철인(哲人). 연대와 전기(傳記)는 불명. 그는 만유의 진리를 브라만(Brahman)이라 하고 브라만은 또 우리 본래의 자기, 곧 아(我, ātman)라고 했다. 그리고 이와 같은 브라만과 사후(死後)에 합일함으로써 해탈이 이루어진다고 하여 인도 철학사상 처음으로 범아일여(梵我一如)를 명확히 주장했다.

복음이 전해 준 그리스도는 일회적으로 육신이 되신 말씀이었으나, 에크하르트(Eckhart)에 와서는 신이 영원히 인간의 영혼 속에서 산출하는 그리스도로 바뀌었다. 우파니샤드(Upanishad)에서 자기에 대한 최고의 정구(定句), "그것은 진실한 것이다. 그것은 자기이다. 그것은 바로 너이니라"[17]는 훨씬 더 짧은 동안에 "자기와 자기에게 속한 것은 그 진실과 실상을 파악할 수 없도다"[18]라고 하는 불교의 무상(無常)한 정구로 바뀌었다.

이 두 길의 처음과 마지막을 따로 생각해 보자.

'하나이다'라는 요한복음의 말씀을 끌어 대는 일이 아무 근거도 없다는 것은, 이 복음서를 아무 편견 없이 한 절 한 절 읽어 보면 누구에게나 분명해질 것이다. 이 책이야말로 진정 순수한 관계를 전하는 기쁜 소리(Evangelium)이다. 여기에는 '나는 너요, 너는 나다'라고 하는 저 신비주의자들의 잘 알려진 말보다도 더 참된 것이 있다. 본질을 같이하는 아버지와 아들, 아니 본질을 같이하는 신과 인간——우리는 이렇게 말해도 좋을 것이다——은 언제나 참다운 둘이며 근원 관계(Urbeziehung)를 맺고 있고 두 당사자로서, 이 근원 관계는 신으로부터 인간에게는 보내심[派遣]과 명령이 되고, 인간으로부터 신에게는 바라봄과 들음이 되며, 신과 인간 사이에서는 인식과 사랑이 된다. 그리고 이러한 관

---

17) 〈찬도갸 우파니샤드〉 6편 8~14장에 되풀이되는 말로 우발라카(Ubbalaka)가 그의 아들 스베타케투(Svetaketu)에게 가르쳐 준 말.
18) 중부경전(中部經典) 중의 사유경(蛇喩經)에 전해지는 말.

계에서 아들은 비록 자기 안에 아버지가 거하면서 역사하고 계실 지라도, '더 크신 이'[19]에게 무릎 꿇고 기도드리는 것이다. 이러한 대화의 근원적인 현실성을 참 자기에 대한 '나'의 관련의 한 가지 나 또는 그와 비슷한 것으로 고쳐 해석하거나, 자기만족적인 인간의 내면성에서 이루어진 하나의 사건으로 바꾸어 해석해 보려던 현대의 모든 시도는 실패로 돌아가고 말았다. 이러한 해석들은 모두 비실재화의 끝없는 역사에 속하는 것이다.

——그러면 신비주의는 어떠한가? 신비주의는 이원성 없이도 일치가 체험된다고 일러준다. 그들의 보고의 성실함을 의심해도 좋을지?

——나는 이미 이원성을 의식할 수 없게 되는 사건을 하나만이 아니라 두 가지를 알고 있다. 신비주의는 가끔 그들의 언설에서 이 두 가지를 혼동하고 있다. 나 역시 한때는 그랬었다.

그 중의 하나는 심령이 하나가 되는 것이다. 이것은 사람과 신 사이에 일어나는 것이 아니라 사람 안에서 일어나는 어떤 것이다. 이때에 뭇 힘은 그들에게 공통되는 핵에로 모아지고 그 힘을 다른 곳에 쏠리게 하려는 모든 것은 극복된다. 존재는 자기 자신 속에 홀로 서서, 파라켈수스(Paracelsus)[20]가 말했듯이, 자기도취에 빠져 환희하는 것이다. 이것은 인간에게 결정적인 순간이다. 이러한 순간이 없다면 사람은 정신적인 일을 하기에 맞지 않는

---

19) 〈요한복음〉 14장 18절 참조.

다. 이 순간을 맛본 사람은 그 순간이 휴식을 뜻하는 것인지 아니면 만족을 뜻하는 것인지 마음속 가장 깊은 곳에서 결정한다. 하나에로 집중된 인간은 이제야 비로소 완전히 이루어지게 될 신비와 구제(救濟)와의 만남에로 나갈 수 있다. 그러나 그는 또한 집중의 행복을 만끽할 뿐, 최고의 의무를 지지 않고 산만한 삶으로 되돌아갈 수도 있다. 우리가 가는 길에서는 모든 것이 결단이다. 의도된 결단, 아무런 생각 없이 이루어진 결단, 신비하게 이루어진 결단, 그러나 마음속 가장 깊은 곳에서 이루어진 결단이야말로 근본적으로 신비한 것이며 운명을 좌우하는 것이다.

또 하나의 사건은 관계 행위 자체의 저 헤아릴 수 없는 성질의 것인데, 여기서는 둘이 하나가 되어 "하나와 하나가 하나가 되면 벌거벗은 존재가 벌거벗은 존재 안에서 빛난다"[21]고 하는 환상을 갖게 된다. '나'와 '너'는 가라앉고, 방금 전까지 신성(神性, Gottheit)과 마주 서 있었던 인성(人性, Menschheit)은 신성에로 상승하고, 영화(榮化)와 신화(神化)가 이루어지며 전일성(全一性)이 나타나는 것이다. 그러나 변모되고 소진(消盡)되어 곤궁에 찬 지상 생활로 돌아와서 이 두 상태를 그간의 사정을 알고 있는

---

20) 파라켈수스(Paracelsus, 1493~1541)는 르네상스 기(期)의 스위스 화학자이며 의사, 종교, 철학자. 우리의 모든 앎은 자기개시(自己開示)이며, 우리의 모든 능력은 신으로부터 오는 자연과의 공동작용이며, 모든 존재는 하나의 자연적, 지상적인 가시적(可視的) 육체와 하나의 천상적(天上的) 성신적(星辰的)인 생기(生氣)로써 이루어졌다는 것이 그의 근본 사상이다.

21) 원문은 ein und ein vereinet da lichtet bloß in bloß. Meister Eckhart의 말. bloß는 드러난, 꾸밈없는, 그것만이라는 뜻이다.

126

마음으로 생각해 볼 때, 사람은 자기의 존재가 둘로 쪼개어지고 그 한쪽이 구제할 수 없는 세계에 내맡겨져 있다고 생각하지 않을 수 있겠는가? 내 영혼이 여기 이 세계로부터 벗어나 또다시 새로이 신성과의 일치에로 돌아갈 수 있다 한들, 이 세계 자체가 필연적으로 그러한 일치에 전혀 관여할 수 없는 이상 내 영혼에 무슨 소용이 있겠는가?――둘로 쪼개어진 삶에서 '신을 향유하는 것'이 무슨 유익이 되겠는가? 저 엄청나게 풍요한 하늘의 순간이 비참한 지상의 순간과 전혀 관계가 없다면――아직도 지상에서 살아야 하는, 가장 진지하게 이 땅에서 살아야 하는 나에게 그와 같은 하늘의 순간이 무슨 소용이 있겠는가? 이렇게 '일치'의 황홀(Einigungs – Ekstase)한 기쁨을 거부한 거장들을 이해해야 할 것이다.

황홀의 환희는 일치가 아니었던 것이다. 나는 넘쳐흐르는 에로스(Eros)의 정열에서 포옹하는 놀라움에 미칠 듯이 황홀해지는 사람들을 예로 들겠다. 이때 그들의 '나'와 '너'의 의식(Wissen)은 어떤 일치감 속에서 사라진다. 그러나 이때에 일치는 존재하지 않으며 또 존재할 수도 없는 것이다. 황홀의 신비를 체험한 사람(Ekstatiker)이 일치라고 부르는 것은 황홀하게 하는 관계의 활력(Dynamik)이다. 그것은 이 세계 시간의 이 순간에 발생하여 '너'와 '나'를 융합시키는 일치가 아니다. 그것은 서로 움직일 줄 모르고 마주 서 있는 관계의 당사자들 앞에 나타나서 그들을 황홀감으로 덮어씌울 수 있는 관계의 활력인 것이다. 그렇게 되면 여기서는 관계 행위는 관계의 테두리를 넘어선다. 즉 관계 자체, 관계 자체의 생명적인 일치가 강하게 감각되기 때문에 도리어 관계의 당사자들은 그 앞에서 빛을 잃는 것같이 보이고, 관계가 그 사이에 이루어져 있는 '나'와 '너'는 그 '관계의' 생명력에 눌려 망각되고 마는 것이다. 여기에서 일어나는 것은 현실이 거기까지 뻗치고, 또 거기서 희미해지는 변경(邊境) 현상 중의 하나다. 그러나 우리에게는 존재의 변경에 나타나는 모든 수수께끼의 거미줄보다도 단풍나무 가지에 퍼지는 한 줄기의 햇살이나 영원한 '너'를 예감케 하는 일상적인 지상 시간의 중심적 현실이 더 중요하다.

그러나 이러한 생각에 대해 몰입설의 또 하나의 주장을 가진 사람들은 반대 의견을 말할 것이다. 만유(萬有, Allwesen)와 자기(我, Selbstwesen)는 근본적으로 동일한 것이기 때문에 '너'라고 부를 수 있는 궁극적 실재자는 없다고 말이다.

이 주장에 대한 해답은 몰입설 자체에서 발견할 수 있다. 《우파니샤드(Upanishad)》의 한 곳에, 신(神)들의 우두머리인 인드라(Indra)가 창조의 신 프라자파티(Pradschapati)를 찾아와서, 어떻게 해야 참 자기를 발견하고 인식할 수 있는지 물었다는 이야기가 나온다. 인드라는 백 년 동안을 제자로 머물러 있었고 그 동안에 두 차례나 충분한 가르침을 받지 못하고 스승을 떠나기도 하였는데 마침내 올바른 가르침을 얻게 되었다고 한다. 그것은 "만일 사람이 깊이 잠들어 아무 꿈도 꾸지 않고 쉰다면 그것이

바로 자기[我]요 불사자며, 두려움 없는 자요 만유[梵]다'라는 것이다. 인드라는 그곳을 떠났는데, 곧 다시 어떤 의심에 싸여서 되돌아와 물었다. "오, 숭고하신 스승님, 이러한 상태에서는 '이 것이 나다'라는 참 자기를 알 수가 없습니다. 또한 '이것이 실재 다'라고 알 수도 없습니다. 그는 적멸(寂滅)에 빠져 있는 것입니 다. 나는 여기에서 아무런 유익도 보지 못합니다." 그러자 프라 자파티는 "인드라 신이여, 바로 그러하니라"고 대답했다.[22]

이 가르침이 참된 존재에 대한 언표(言表)를 내포하고 있다는 점에서 볼 때, 그것의 진리의 내용이 어떠한 것이든 간에——그 것은 이 세상의 삶에서는 잡을 수 없다——한 가지 사실, 곧 살 아 있는 현실과는 아무 상관이 없다. 그 가르침은 이 살아 있는 현실을 가상의 세계로 떨어뜨리고야 말 것이다. 또한 이 가르침 이 참된 존재에로 몰입하게 하는 길잡이를 내포하고 있다는 점에 서 볼 때, 그것은 살아 있는 현실 속으로가 아니라 의식 작용이 없는, 아무런 기억도 없는 '적멸(寂滅)'로 인도하는 것이다. 그리 고 적멸의 경지에 들어갔다 나온 사람은 그 경험을 비이원성(非 二元性)이라고 하는 극한어(極限語)로 표현할 수는 있어도 이 비 이원성을 일치라고 선언해서는 안 되는 것이다.

그러나 우리는 거룩한 보화(寶貨)인 우리의 현실을 거룩하게

---

22) 〈찬도갸 우파니샤드〉 8편 12장. 정음문고 《우파니샤드》 125~128쪽에 의하
   면 인드라가 프라자파티에게 가서 범행(梵行)한 기간은 32년, 32년, 32년, 5
   년으로 모두 101년으로 되어 있다.

가꾸려고 한다. 우리의 현실이란 이 세상의 삶을 위해 우리에게 주어진 것일 뿐, 보다 진리에 가까운 다른 삶을 위해 주어진 것은 아닐 것이다.

살아 있는 현실에서는 범(梵)과 아(我)의 일치란 없다. 현실은 오직 작용에 있어서 존립하며, 그 현실의 힘과 깊이는 그 작용의 힘과 깊이에 있어서 존립한다. 또한 '내적' 현실이라고 하는 것도 오직 상호 작용이 있을 때에만 있는 것이다. 가장 강하고 깊은 현실이란 모든 것 —— 거리낌없는 전인(全人)과 만물을 포용하는 신, 하나로 된 '나'와 무한한 '너'의 작용 가운데 존재한다.

하나로 된 '나'. 왜냐하면(나는 이미 그것에 대하여 말한 바 있다) 살아 있는 현실에도 영혼의 하나됨, 뭇 힘이 하나의 핵에로 집중되는 일이 있으며, 사람의 결정적인 순간이 있기 때문이다. 그러나 그것은 저 몰입처럼 현실의 인간을 '도외시'하는 것이 아니다. 몰입은 오직 '순수한 것', 본래적인 것, 영속적인 것만을 유지하고 다른 모든 것은 떼어 버리려고 하는 것이다. 집중은 그러나 본능적인 것을 지나치게 불순하다고 보거나, 감각적인 것을 지나치게 주변적인 것이라고 보거나, 정서적인 것을 너무나도 덧없는 것이라고 보지 않는다——모든 것은 집중에로 이끌어 들여지고 극복되어야 하는 것이다. 집중은 추출된 자기를 원하지 않는다. 집중은 전체적이고 줄어들지 않은 인간을 원한다. 인간은 집중을 원한다. 집중은 현실을 뜻하며 현실인 것이다.

몰입설은 '이 세계가 그것에 의하여 사고되고 있는' 유일한 사고자(思考者), 곧 순수 주관(das reine Subjekt)에 돌아갈 것을 요구하고 또 약속한다. 그러나 살아 있는 현실에서는 사고되는 것 없이 사고하는 것은 없다. 오히려 여기서는 사고되는 것이 사고하는 것에 의존하고 있을 뿐만 아니라 그에 못지않게 사고하는 것이 사고되는 것에 의존하고 있다. 객관을 잃은 주관은 그의 현실성을 잃게 된다. 자기만으로 사고하는 것은——사고 가운데 그의 소산(所産)과 대상으로서, 즉 어떠한 표상도 없는 한계 개념으로서 존재한다. 다음에는 죽음을 선취하는 결의 속에 존재한다. 이 죽음에 대하여 사람은 그 비유로 죽음과 똑같이 헤아릴 수 없는 깊은 잠을 들 수가 있다. 끝으로 자기만으로 사고하는 것은 그 본질상 의식도 기억도 없는 깊이 잠자고 있는 것과도 같은 몰입 상태에 대한 가르침 속에 존재한다. 이런 것들은 '그것'의 언어의 최고 정점이다. 그들이 현실을 도외시하는 숭고한 힘에 경의를 표하지 않으면 안 된다. 그리고 바로 이 경탄하는 눈초리로 우리는 그런 힘이 비록 체험되어야 하는 것이긴 해도 살아가야 하는 것은 아님을 인식해야만 한다.

'완성된 자'요 완성하는 자인 불타(佛陀, Buddha)는 이에 대하여 언명하지 않았다. 그는 범아의 일치가 있다고 주장하지도 않았으며 또 없다고 주장하지도 않았다. 또한 만유에로 몰입하기 위해 모든 시련을 거친 사람은 죽어서 범아일여의 경지에 들어간다고 주장하지도 않았고 들어가지 못한다고 주장하지도 않았다. 그의 이 거부, 이 '고귀한 침묵'은 두 가지로 설명된다. 이론적으

131

로 볼 때 완성은 사고나 언표의 범주 밖에 있다는 것이며, 실제적으로 볼 때 완성의 실상(實相)을 밝히는 일은 참된 구원의 생활을 근거지어 주는 것이 아니기 때문이다. 이 두 설명은 함께 하나의 진리를 이룬다. 즉 "존재자를 언명의 대상으로 다루는 자는 존재자를——거기에는 구원의 삶이 없다——'그것'의 세계의 분리와 반립(反立, Antithetik)으로 끌어 들인다"고 하는 것이다. "오, 비구(比丘)여, 만일 영혼과 육체가 하나(wesenseins)라는 생각에 잡혀 있다면, 구원의 삶(해탈)은 없다. 오, 비구여, 만일 영혼과 육체가 별개의 것이라는 생각에 잡혀 있다면 그때에도 또한 구원의 삶은 없다." 살아 있는 현실에서와 마찬가지로 관조되는 비밀 가운데는 '그러하다'도 '그렇지 않다'도 없으며, 존재 (das Sein)도 비존재(das Nichtsein)도 없다. 거기에는 오직 그러하면서 그렇지 아니한 것(das So – und – anders), 존재이면서 비존재(das Sein –und – Nichtsein)라고 하는 불가사의한 것이 있을 뿐이다. 분리될 수 없는 신비 앞에 분리되지 않은 것으로 마주 서는 일, 이것이 구원의 근본 조건이다. 불타는 이것을 인식한 사람 가운데 한 사람이라는 것이 확실하다. 모든 올바른 스승이 그랬듯이 불타도 견해가 아니라 길(道)을 가르치려는 것이다. 단지 그는, 행위도 행동도 힘도 없다고 하는 '어리석은 자'들의 언명에 대하여서만은 도(道)를 행할 수 있다고 반대하였다. 그리고 그는 오직 '하나'의 결정적인 언명을 하였다. "비구들이여, 태어나지 않은 것, 생성되지 않은 것, 만들어지지 않은 것, 형상을 입지 않은 것이 하나 있도다." 이것이 없다면 목적지가 없을 것이다. 이것이 있으므로 길에는 하나의 목적지가 있는 것이다.

여기까지는 우리는 우리의 만남의 진리를 충실히 따르면서도 불타를 따라갈 수가 있다. 그러나 여기서 한 걸음 더 나아간다면 그것은 우리의 삶의 현실에 대한 불성실이 될 것이다.

왜냐하면, 우리는 우리가 우리에게 이끌어 내는 것이 아니라 우리에게 주어지고 나뉘어져 있는 진리와 현실에 의하여 다음과 같은 것을 알고 있기 때문이다. 즉 만일 불타가 말하는 저 목적지가 단지 여러 목적지 중의 하나에 불과한 것이라면 그것은 우리의 길이 될 수 없으며, 그것이 만일 궁극의 목적지라면 그것은 잘못 가리켜진 것이다. 그리고 만일 그것이 여러 목적지 중의 하나라면 그 길은 거기까지 인도해 줄지 모르지만, 그것이 궁극의 목적지라면 그 길은 그 근처까지에만 인도해 줄 뿐이라는 사실이다.

불타는 이 목적지를 '고(苦)의 지멸(止滅)'로 표현하였는데, 이것은 또한 생성과 소멸의 지멸, 곧 태어남의 윤회로부터의 해방[23]을 말한다. '지금부터 윤회는 없다'는 것이 생존에 대한 갈망에서 해방되고 그럼으로써 언제나 다시 태어나지 않으면 안 되는 것(Immer – wieder – werden – müssen)으로부터 해방된 사람의 공식이다. 우리는 윤회가 있는지 알지 못한다. 우리는 우리가 살고 있는 이 시간 차원의 선을 이 삶을 넘어서는 데까지 연장하

---

23) 고(苦)의 지멸(止滅)과 이에 의한 태어남의 윤회로부터의 해방, 곧 해탈은 불타가 찾은 근본 진리다.

지 않으며, 또한 때가 되어 그의 법칙에 따라 우리에게 밝혀질 것을 밝혀내려고 하지 않는다.

그러나 비록 윤회가 있다는 것을 알고 있다 하여도 우리는 그 윤회에서 벗어나려고 애쓰지 않을 것이다. 그리고 우리는 극단적인 존재로 환생하기를 희구하지는 않겠지만, 저마다의 존재로서, 저마다의 방법과 언어로써 무상한 자의 영원한 '나'와 영원히 변함없는 이의 영원한 너를 말할 수 있게 되기를 희구할 것이다.

불타가 윤회의 필연으로부터 해탈이라는 목표에 우리를 인도해 주는지 어떤지를 우리는 알지 못한다. 그는 확실히 영혼의 하나됨이라고 하는 우리에게도 관계가 있는 중간 목표까지는 인도해 준다. 그러나 그는 이 중간 목표를 향해서 사람을 단지 '의견의 밀림'에서 떠나게 할 뿐만 아니라(이것은 필요한 일이다), '형체의 미망'으로부터도 떠나도록 인도한다——하지만 이 형체는 우리에게 있어서 결코 미망이 아니며, 오히려(직관이 가지는 주관화하는 모든 모순에도 불구하고——"그 모순은 우리에게는 바로 주관에 속하는 것이지만") 신뢰할 만한 세계다. 이렇듯 불타의 길 역시 일종의 '도외시'의 길이다. 그리고 그가 이를테면 우리의 육체에서 일어나는 여러 가지 사건을 깨닫도록 명령할 때도 그는 감각적으로 확실한 육체의 통찰과는 거의 반대되는 것을 뜻하고 있는 것이다. 그리하여 불타는 범아일여의 존재를 그의 앞에 열려 있는 저 지극히 높은 경지인 '너'를 부르는 데까지 이끌어 가지 않는다. 불타가 깊은 내면에서 결단하는 것은 '너'를 부를 수 있는 능력을 없애 버리려는 것같이 생각된다.

물론 불타는 다른 사람을 향하여 '너'라고 부를 줄 알고 있었다——이것은 그가 제자들보다 훨씬 뛰어났으면서도 그들과 지극히 직접적인 교제를 맺고 있었다는 것으로 알 수 있다. 그러나 그는 '너'라고 부르는 것을 가르치지 않았다. 왜냐하면 "무릇 생성된 모든 것은 이 가슴속에 무한히 간직되어 있다"고 말하는 불타의 자비는 존재가 단적으로 마주 서는 것과는 상관이 없기 때문이다. 확실히 그는 그의 깊은 침묵 속에서 그가 제자처럼 대했던 모든 신들[諸天]을 넘어서서 근원적 존재자(Urgrund)를 향하여 '너'라고 부를 줄 알고 있었다——그의 행위는 실체(Substanz)로 화한 관계 사건에서 이루어진 것이며, 그것은 또한 저 '너'에 대한 하나의 응답이기도 하였다. 그러나 그는 그 일에 대하여 침묵을 지켰다.

그러나 불타의 가르침이 여러 민족들 사이에 퍼져 '대승불교(das Große Fahrzeug)'로 이루어지자, 그의 가르침은 전혀 다른 것으로 변질되었다. 신도들은 불타의 이름으로 인간의 영원한 '너'를 불러온 것이다. 그리고 그들은 장차 미륵보살[24]이 이 세상 최후의 불타로 나타나 자비를 성취할 것을 기다리고 있는 것이다.

---

24) Maitreya : 석가의 화도(化導)를 받고 미래에 부처가 될 수기(受記)를 받은 후 도솔천(兜率天)에 올라가 현재 그 곳에 있으면서 중생을 권도하다가 석가 입적(入寂) 후 56억 7천만 년 후에 다시 이 세상에 나타나서 승림원(承林園) 안의 용화수(龍華樹) 밑에서 성도(成道)하고 중생을 건진다고 함.

모든 몰입설은 자기 자신에로 휘어 들어온 인간 정신의 거창한 망상에 근거를 두고 있으며, 정신은 인간 안에서 생기는 것이라고 한다. 그러나 실은 정신은 인간의 밖에서부터, 즉 인간과 '인간이 아닌 것' 사이에 생기는 것이다. 자기 자신에로 휘어 들어온 정신은 이러한 정신의 의미와 그의 관계의 의미를 거부함으로써 '인간이 아닌 것'을 인간 속에 끌어들이고, 세계와 신에 영혼을 부여할 수밖에 없었다. 이것은 정신의 영혼 망상이다.

불타는 말했다. "친구여, 나는 그대들에게 이 한 길 크기의, 감각을 지닌 수도자의 몸 속에 세계가 깃들고, 세계가 생기하고, 세계가 지멸하며, 세계의 지멸에 이르는 길이 깃들고 있음을 알려주노라."[25]

이것은 참이다. 그러나 궁극적으로는 이미 참이 아니다.

물론 세계는 내 속에 표상[26]으로서 '깃들어 있다.' 마치 내가 세계 속에 사물로서 깃들어 있는 것과 꼭 마찬가지로. 그러나 그렇다고 해서 세계가 내 속에 있는 것은 아니며, 마찬가지로 내가 세계 속에 있는 것도 아니다. 세계와 나는 서로 끌어들이고 있는 것이다. '그것'과의 관계에 고유한 이 사고의 모순은 '너'와의 관계에 의하여 지양된다. '너'와의 관계는 나와 세계를 맺기 위하여

---

25) 이것이 곧 불교에서 말하는 사성제(四聖諦, 네 가지의 거룩한 진리)——고집멸도(苦集滅道)이다.
26) 이 대목에서 부버는 쇼펜하우어의 《의지와 표상으로서의 세계》를 비판하고 있다.

'나'를 세계로부터 풀어 준다.

세계 속으로 끌어들일 수 없는 자기의 의미(Selbst –Sinn)를 나는 내 속에 지니고 있다. 나의 표상 속에 끌어들일 수 없는 존재의 의미(Seins –Sinn)를 세계는 자기 속에 지니고 있다. 세계의 존재 의미란 그러나 하나의 생각될 수 있는 '의지'가 아니라, 바로 세계의 전체적인 세계성(die ganze Welthaftigkeit der Welt)이다. 그것은 마치 나의 자기 의미가 하나의 '인식하는 주관'이 아니라, 나의 전체적인 나다움(die ganze Ichhaftigkeit des Ich)인 것과 같다. 여기서는 이 이상의 '환원'은 통하지 않는다. 궁극적인 단위를 존중하지 않는 사람은 오직 이해될 수 있을 뿐, 개념화될 수 없는 의미를 무효로 만들고 만다.

세계의 기원(起源)과 세계의 지멸은 내 속에 있지 않다. 그러나 그러한 것들은 또한 내 밖에도 있지 않다. 그러한 것들은 도대체 존재하지 않는다. 그것들은 끊임없이 생기하고 있는 것이다. 그리고 그것들의 생기는 나와, 나의 삶과, 나의 결단과, 나의 일과, 나의 봉사와 관련이 있으며, 나에게, 나의 삶에, 나의 결단에, 나의 일에, 나의 봉사에 달려 있다. 그러나 이것은 내가 세계를 나의 영혼 속에서 '긍정한다'든가 또는 '부정하는' 데 달려 있는 것이 아니라, 내가 어떻게 세계에 대한 나의 영혼의 태도를 삶으로 향하게 하느냐, 어떻게 그것을 세계에 영향을 미치는 삶이 되게 하며, '참된 삶'이 되게 하느냐에 달린 것이다── 그리고 '참된 삶' 속에서는 매우 상이한 영혼의 태도에서 나온 길들이 서로 만날 수 있는 것이다. 그러나 자기의 태도를 오직 '체험하기만 하고' 영혼 속에서만 실행하는 사람에게는 그가 아무리 깊은 생각을 품고 있다 해도 세계는 없다—— 그리고 그의 속에서 모든 놀이, 예술, 도취, 열광 그리고 신비는 세계의 살갗조차도 건드리지 못한다. 사람이 자기 자신 속에서만 구원받는 한 그는 세계에서 사랑도 고뇌도 끼칠 수가 없다. 그는 세계와 아무 상관이 없는 것이다. 오직 세계를 믿는 사람만이 세계 자체와 관련을 갖게 된다. 그리고 그가 세계에 헌신한다면 그는 또한 신을 부인할 수 없을 것이다. 우리가 결코 없어질 수 없는 현실의 세계를 사랑한다면, 그것이 아무리 무시무시한 것이라 해도 참으로 사랑하기만 한다면, 그리고 우리의 정신의 팔을 둘러 감연히 세계를 포용한다면, 우리의 손은 이 세계를 지탱하고 있는 손을 만나게 된다.

나는 신에게서 사람을 떼어 놓는 '세계'나 '세계의 삶'에 대하여 아는 것이 없다. 그러한 것이라고 일컬어지는 것은 어떤 소외된 '그것'의 세계와 더불어 사는 삶이요, 경험하고 이용하는 삶이다. 세계를 향해 참으로 나아가는 사람은 신에게로 나아가는 것이다. 집중과 나아감, 이 두 가지는 일자(一者)이면서 타자(Ein - und - andre), 즉 일자(das Eine)로서 참으로 필요한 것이다.

신은 만유를 품고 있으나 만유는 아니다. 마찬가지로 신은 '나'의 자기를 품고 있으나 '나'의 자기는 아니다.[27] 이 말로 할 수

---

27) 여기서 만유는 우파니샤드의 브라만에, 그리고 '나'의 자기는 아트만에 해당된다.

없는 것 때문에 나는 나의 말로, 모두가 저마다 자기의 말로 그렇게 하듯이 '너'라고 말할 수 있는 것이다. 이를 위하여 '나'와 '너'가 있고, 대화(Zwiesprache)가 있고, 언어가 있고, 그의 근원 행위(Urakt)가 언어인 정신이 있으며, 영원한 말씀이 있는 것이다.

* * *

인간의 '종교적' 상황, 곧 현재(Präsenz) 속에 있는 그의 현존재는 그의 본질적이고도 해소할 수 없는 이율배반성(Antinomik)에 의하여 특징지어진다. 이 이율배반성이 해소될 수 없다는 것이 그 상황의 본질을 이루고 있는 것이다. 그의 명제(These)만을 받아들이고 그의 반대 명제를 거부하는 사람은 그 상황의 의미를 해치게 된다. 하나의 종합을 생각해 보려는 사람은 그 상황의 의미를 깨뜨리게 된다. 이율배반성을 상대화시키려고 애쓰는 사람은 그 상황의 의미를 없애 버리고 만다. 목숨을 걸고 이 이율배반의 모순을 견디어 내려고 하는 것 이외의 다른 어떤 방법으로도 사람은 그 상황의 의미에 부정(不正)을 가하는 것이다. 상황의 의미란 그것이 그의 모든 이율배반성에 있어서 살려져야 한다는 것, 오직 살려지고 언제나 다시, 언제나 새롭게, 예견될 수 없이, 예상될 수 없이, 예정될 수 없이 살려져야 한다는 것이다.

이것은 종교적인 이율배반과 철학적인 이율배반을 비교해 보면 뚜렷해질 것이다. 칸트(I. Kant)는 필연성을 현상의 세계에, 자유를 존재의 세계에 돌림으로써 필연성과 자유 사이에 있는 철학적인 모순을 상대화시킬 수가 있었다. 그리하여 이 두 정립(Setzung)은 다시는 더 서로 본래적으로 대립하지 않을뿐더러, 이들이 각각 거기에 타당한 두 세계가 그러하듯이 서로 조화를 이루게 되었다. 그러나 내가 필연성과 자유를 생각된 세계에서 생각하지 않고, '신 앞에 서 있는(Vor - Gott - stehen)' 나 자신의 현실에서 생각한다면, '나는 위탁되어 있다'는 것, 그리고 동시에 '나에게 달려 있다'는 것을 안다면, 나는 이 두 개의 조화될 수 없는 정립을 두 개의 분할된 타당 영역에 돌림으로써 내가 살아가야 할 모순(Paradox)에서 벗어나려고 해서는 안 된다. 또한 신학적인 기교를 부려서 이 둘의 개념적인 화해에 도움을 주려고 해도 안 된다. 나는 이 두 가지를 동시에 살도록 책임져야만 하며, 그렇게 살아갈 때 이 두 가지는 하나가 된다.

* * *

동물의 눈은 하나의 위대한 언어를 말할 수 있는 능력을 가지고 있다. 음성이나 동작의 도움을 필요로 하지 않고도, 동물들은 완전히 그의 눈초리만으로 어떠한 말 못지않게 강력하게 그들의 본성 속에 갇혀 있는 신비, 곧 생성의 불안 속에 갇혀 있는 신비를 표현한다. 이와 같은 신비의 경지는 오직 동물만이 알고 있다. 오직 동물만이 그 경지를 우리에게 열어 줄 수 있다——이 경지는 오직 열릴 뿐이고, 스스로 드러내 보이지는 않는다. 그 가운데서 신비가 일어나는 언어란 불안——즉 식물적인 안전계와 정신적인 모험계 사이를 동요하고 있는 피조물(Kreatur)의 불안이라고 하는 것이다. 이 언어는 우리가 인간이라고 부르는 저 정신의 우주적인 모험에 아직 자신을 내맡기기 전에 자연이 정신의 최초의 접촉을 받았을 때 내는 더듬거림이다. 그러나 이 더듬거림이 전할 수 있는 것은 어떠한 언어로도 다시는 재현될 수 없는 것이다.

나는 때때로 집고양이의 눈을 들여다본다. 이 길들여진 동물은 우리가 때로 상상하듯이 참으로 '말하는 듯한' 저 눈초리를 우리 사람들로부터 받은 것이 아니고, 다만—— 원시적인 자연스러움을 희생한 대가로——그 눈초리를 동물이 아닌 우리에게로[28] 향하게 하는 능력을 받은 것이다. 그러나 이때에 그의 눈초리, 곧 그의 눈초리의 여명 또는 해돋이에는 놀라움이나 물음에서 오는 그 어떤 것이 들어갔던 것이다. 그러한 것은 본래 그의 모든 불안에도 불구하고 전혀 없었던 것이다. 이 고양이는 내 눈초리를 눈치 채고 빛을 내뿜기 시작한 눈초리로 틀림없이 나에게 묻기 시작했다. "당신이 나를 생각해 준다는 것이 있을 수 있나요? 사실은 당신은 나를 한갓 당신의 심심풀이로 삼으려는 것이 아닌가

---

28) uns Untier의 직역(直譯). 우리들 인간이라고 하는 괴물이라는 뜻.

요? 내가 당신과 상관이 있나요? 나는 당신을 위해 있는 것인가
요? 내가 여기 있나요? 여기 당신에게서 오는 것은 무엇인가요?
나를 둘러싸고 있는 것은 무엇이죠? 나에게 와서 닿는 것은 무엇
인가요? 이것이 무엇이죠?"(여기서 '나'라고 한 것은, 자아가 없
는 자기 표시의 언어로서 우리의 것이 아닌 하나의 말을 바꾸어
말한 것이며, '이것'은 관계의 힘이 완전히 실현되었을 때에 인간
의 눈초리에서 흘러나가는 작용이라고 생각해 주기 바란다) 그
때 고양이의 눈초리, 곧 저 불안의 언어는 크게 열리고——그리
고는 벌써 닫히고 말았다. 나의 눈초리는 물론 그것보다 오래 갔
다. 그러나 그것은 이미 흘러나오는 인간의 눈초리는 아니었다.

관계 사건을 일으키는 세계의 축(軸)의 회전은 거의 즉시 다
른 회전으로 이어지고 그 관계 사건은 끝이 난다. 바로 지금까지
'그것'의 세계는 나와 고양이를 둘러싸고 있었다. 한순간 '너'의
세계가 근저로부터 비쳐 나왔지만, 이제 그것은 벌써 저 '그것'의
세계로 꺼져 가고 말았다.

내가 몇 차례 겪은 이와 같은 사소한 사건을 이야기하는 까닭
은, 거의 알아차릴 수 없는 정신이라는 태양이 떠오를 때와 떨어
질 때에 들려오는 언어를 이야기하고 싶기 때문이다. 모든 존재
와의 관계에서 관계의 현실이 무상함을 이 사건에서처럼 심각하
게 인식해 본 적은 없었다. 또한 우리들의 운명이 얼마나 숭고한
우수(憂愁)로 가득 차 있으며, 모든 낱낱의 '너'가 얼마나 쉽게
'그것'으로 변해 버리느냐 하는 것을 이 사건에서 깊이 깨달을 수

있었다.

왜냐하면 다른 경우에는 관계 사건의 아침과 저녁 사이에 아무리 짧아도 하루가 지속되지만, 나와 고양이의 관계에 있어서는 정신의 태양이 떠오르자마자 저 버리며, 빛나는 '너'는 나타나자마자 곧 사라져 버렸기 때문이다. 그 고양이와 나의 관계에서 '그것'의 세계의 무거운 짐이 다만 한순간이라도 참으로 벗겨질 수 있었던 것일까? 어쨌든 나는 그 문제를 생각해 볼 겨를이 있다. 그러나 고양이는 그 눈초리의 더듬거림이 한 번 사라진 뒤로는 아무런 말도 없고 아무런 기억도 남기지 않으며 불안 속으로 다시 가라앉아 버리는 것이었다.

'그것'의 세계의 연속은 얼마나 강력하며, '너'의 나타남은 또 얼마나 연약한 것인가!

그만한 것으로는 물성(物性, Dinglichkeit)의 껍질을 결코 깨뜨릴 수 없을 것이다! 오, 운모(雲母)의 조각이여! 너를 보고서야 비로소 나는 '내'가 '내 속에' 있는 어떤 것이 아님을 알았다──그때까지만 해도 나는 오직 내 속에서만 너와 맺어져 있었다. 오직 내 속에서만이었고, 나와 너 사이에서가 아니었다. 그러나 사물 중의 하나가 사물로부터 해방되어 나와서 하나의 생명 있는 존재로 되어 나에게 가까이 와서 말을 거는 시간, 다시 말하면 '그것'이 나에게 있어 완전한 '너'가 되는 시간처럼 짧은 것은 없다. 필연적으로 약해지는 것은 관계 자체가 아니라 관계의 직접적인 현실태(Aktualität)이다. 사랑 자체도 직접적인 관계 속에 언제까지나 머물러 있지 못한다. 사랑은 지속된다.

그러나 그것은 현실태와 가능태(Latenz)의 엇바뀜에 있어서이다. 세계에 있는 모든 '너'는 그 본질상 우리에게 대하여 사물이 되거나 아니면 다시 물성으로 돌아가지 않을 수 없다.

오직 '하나'의 만유를 포괄하는 관계에서만은 가능태도 현실태다. 오직 '하나의 너'만은 그의 본질상 결코 우리에게 대하여 '너'이기를 그치지 않는다. 과연 신을 알고 있는 사람은 신이 멀리 있음을 알고, 또한 두려워하는 마음이 감도는 목이 타는 고통도 안다. 그러나 그는 결코 신이 부재(不在, Präsenzlosigkeit)한다고 생각지 않는다. 다만 우리가 언제나 거기에 있지 않을 뿐이다.

《신생(Vita Nova)》[29]에서 애인을 대개의 경우 '그 여자(Ella)'라고 하고 어쩌다 '당신(Voi)'이라고 부르고 있음은 옳으며 또 합당한 일이다. 《신곡(神曲)》에서 '천국(天國)'을 본 자(단테)가 신을 '그것(Colui)'[30]이라고 한 것은——시적 표현의 필요에서——잘못 말한 것이며, 그도 이것을 알고 있다. 신을 '그' 또는 '그것'이라고 부른다면 그것은 언제나 비유(Allegorie)이다. 그러나 우리가 신을 '너'라고 부른다면, 그때에는 우리들 유한한 인간이 세계의 완전한 진리를 올바르게 말한 것이 된다.

---

29) 《신생(新生)》: 단테(1265~1321)의 작품.
30) Colui는 보통 사람에 대해서 쓰는 인칭대명사. 이것은 단테가 신을 높이는 나머지 직접 신이란 말을 쓰지 않은 것이라고도 생각할 수 있다.

***

이 세상에 있는 참된 관계는 배타적이다. 관계에서 배제된 타자는 그 관계에 뚫고 들어와 배제된 데 대한 복수를 한다. 오직 신에 대한 관계에서만은 무조건적인 배타성과 무조건적인 포괄성이 하나가 되며, 그 안에 만물이 포괄된다.

이 세상에 있는 참된 관계는 개별화(Individuation)에 바탕을 두고 있다. 개별화는 관계의 기쁨이다. 왜냐하면 오직 개별화되어 있음으로 해서 다른 자(die Verschiedener)를 서로 인식할 수 있기 때문이다. 그리고 개별화는 관계의 한계다. 왜냐하면 개별화되어 있음으로 해서 타자를 완전히 인식하는 일도 인식되는 일도 불가능하기 때문이다. 그러나 완전한 관계에서 나의 '너'는 나의 '자기'로 존재하지 않으면서 나의 '자기'를 품으며, 나의 제한된 인식은 무제한으로 인식되는 경지로 승화된다.

이 세상에 있는 모든 참된 관계는 현실태와 가능태의 교체에 의해 이루어진다. 모든 개별화된 '너'는 또다시 새 날개를 얻기 위하여 '그것'이라는 번데기가 되지 않으면 안 된다. 그러나 순수한 관계에 있어서는 가능태는 현실태의 숨쉼에 지나지 않으며, 그 안에서도 '너'는 여전히 현재적으로 머물러 있는 것이다. 영원한 '너'는 그의 본성상 언제나 너인 것이다. 다만 우리의 본성이 우리로 하여금 그 영원한 '너'를 '그것'의 세계와 '그것'의 말 속에 끌어들이도록 강요하고 있을 뿐이다.

*　*　*

'그것'의 세계는 공간과 시간과 관련되어 있다.

'너'의 세계는 공간과 시간과 아무 관련도 없다.

'너'의 세계는 뭇 관계의 연장선이 거기서 교차하는 저 중심, 곧 영원한 '너'와 관련되어 있다.

순수한 관계의 위대한 특권 속에서 '그것'의 세계의 여러 가지 특권은 지양되어 있다. 이 특권에 의하여 '너'의 세계의 연속성이 존재하며 여러 가지 관계의 고립적인 계기들이 결합되어 있는 세상살이와 맺어진다. 이 특권에 의해 '너'의 세계에는 형성하는 힘이 주어지며, 정신은 '그것'의 세계에 침투하고 변화시킨다. 이 특권에 의해 우리는 세계로부터의 소외(Verfremdung)와 '나'의 비실재화, 유령 같은 것(das Gespenstische)의 지배에 내맡겨져 있지 않은 것이다. 전환(Umkehr)이란 저 중심을 다시 인식하는 것, 자기를 다시 그리로 향하게 하는 것이다. 이 본질적인 행위에서 파묻혀진 인간의 관계 능력이 소생하고, 모든 관계 영역에서 일어나는 물결은 생명에 넘치는 분류(奔流)가 되어 우리의 세계를 새롭게 한다.

아마도 우리의 세계만 새롭게 하는 것은 아닐 것이다. 원근원(原根源, Urgrund)으로부터 이탈하려는 운동과, 원근원에로 복귀하려는 운동──이 두 가지 운동이 세계가 아닌 것과 관계하고 있는 전체로서의 세계에 깃들어 있는 양 세계적 이중성의 근본 형식임을 우리는 어렴풋이나마 파악하고 있다. 원근원으로부터 이탈하려는 운동에 의해 만물의 생성이 유지되며, 원근원으로 복귀하려는 운동에 의해 만물의 존재가 구원받게 되는 것이다. 이 근본형식이 인간적 형태를 취할 때는 태도의 이중성, 근원어의 이중성, 그리고 세계관의 이중성으로 나타난다. 그리고 이 두 가지 운동은 시간 안에서 운명적으로 전개되지만, 은총에 의하여 비시간적인 창조 안에 감싸인다. 이 창조는 기이하게도 우리를 풀어 놓는 동시에 경계하며, 해방하는 동시에 구속한다. 이중성에 대한 우리의 지식은 이 근원적인 신비의 모순 앞에서 다만 침묵하게 된다.

* * *

관계의 세계를 세우는 영역은 세 가지가 있다.

첫째는 자연과 더불어 사는 삶이다. 여기서의 관계는 언어의 문턱에 달라붙어 있다.

둘째는 사람들과 더불어 사는 삶이다. 여기서는 관계가 언어의 형태를 취한다.

셋째는 정신적 존재와 더불어 사는 삶이다. 여기서는 관계는 말이 없으면서도 언어를 만들어 낸다.

우리는 이 영역들의 각 관계 행위에서 우리에게 현재적으로 생성되는 모든 것을 통하여 영원한 너의 옷깃을 바라본다. 모든

것에서 우리는 영원한 '너'의 나부낌을 느끼며 모든 '너'라는 말
에서 우리는 모든 영역에서 저마다의 방식으로 영원한 '너'를 부
른다. 모든 영역은 영원한 '너' 안에 포함되어 있으나 영원한
'너'는 어떤 영역에도 포함되어 있지 않다.

이 모든 영역을 꿰뚫고 하나의 현재가 빛나고 있다.

그러나 우리는 그 영역 중의 어떤 것이라도 현재로부터 떼어
놓을 수 있다.

우리는 자연과의 삶으로부터 '물리적'인 세계, 곧 항상성
(Konsistenz)의 세계를, 사람들과의 삶으로부터 '심리적'인 세
계, 곧 감수성(Affzierbarkeit)의 세계를, 정신적 존재와의 삶으
로부터 '사유적(noesis)'인, 곧 타당성(Gültigkeit)의 세계를 떼
어 낼 수가 있다. 그러면 각 영역들은 투명성(Transparenz)을 잃
게 되며, 그와 더불어 의미를 잃게 된다. 각 영역은 이용 가능한
그러나 불투명한 것이 되고, 비록 우리가 그들에게 우주
(Kosmos), 에로스(Eros), 로고스(Logos)와 같은 밝은 이름을
붙여 줄지라도 그들은 여전히 불투명한 것으로 남을 것이다. 사
실 우주는 만유가 거룩한 아궁이가 있는 집이 되고 그 아궁이에
서 그가 제물을 바치게 될 때에만 사람에게 존재한다. 그리고 에
로스는 존재자들이 사람에게 있어서 영원자의 형상(Bild)이 되
고, 사람과 그 존재자들과의 공동생활이 드러날 때에만 사람에게
존재한다. 그리고 로고스는 사람이 정신에 대한 노작(勞作)과 봉
사로써 신비에게 말을 걸 때 존재한다. 형태가 명령하는 침묵, 사

람의 사랑하는 말, 피조물들의 말을 알리는 침묵. 이 모든 것은 말의 현존에로 들어가는 입구들이다.

그러나 만일 '나'와 '너'의 완전한 만남이 일어난다면, 이 입구들은 하나가 되어 하나의 참된 삶의 대문이 된다. 그리고 그대는 그대가 어느 문으로 들어갔는지 다시는 알지 못한다.

* * *

관계의 세계가 세워지는 세 영역 중에서 뛰어난 하나는 사람들과 더불어 사는 삶의 영역이다. 여기서는 언어는 계속적인 것으로, 즉 말의 주고받음으로써 완성된다. 여기에서만 언어로 형성된 말이 그의 대답을 만난다. 오직 여기에서만 근원어는 같은 형태를 띠고 오가며, 부름과 응답이 생생하게 같은 언어(Zunge)로 이루어지며, '나'와 '너'는 한갓 관계 속에 있을 뿐만 아니라——또한 확고한 '성실성(Redlichkeit)' 속에 있다. 관계의 여러 계기들은 여기에서는, 그리고 오직 여기에서만, 언어라는 요소에 깊이 잠겨 있으며, 그 요소에 의하여 맺어져 있다. 여기에서는 마주 서 있는 자가 '너'의 완전한 실현에로 꽃핀다. 오직 여기에서만 바라보는 것과 바라보이는 것이, 아는 것과 알려지는 것이, 사랑하는 것과 사랑받는 것이 상실될 수 없는 현실로서 존재한다.

이 영역이 정문이며, 다른 두 옆문은 이 정문의 포괄적인 열림으로 이어져 있는 것이다.

"남자가 그의 여인과 진정 함께 있을 때 그들은 영원한 언덕[31]에 대한 그리움으로 감싸인다."

사람과 사람의 관계는 사람과 신과의 관계의 본래적인 비유이다. 신과의 관계에서는 진실한 부름에 진실한 응답이 주어진다. 다만 신의 응답에서는 모든 것이, 곧 만물이 언어가 되어 드러나는 것이지만.

* * *

──하지만 고독도 역시 하나의 입구가 아닐까? 가끔 더없이 고요한 중에 홀로 있을 때 뜻밖의 관조(觀照)가 열리는 것이 아닐까? 자기 자신과의 사귐이 신비하게도 신비와의 사귐으로 변할 수 있지 않을까? 그렇다. 어떠한 존재에도 집착하지 않는 사람이라야 비로소 참된 존재를 향해 걸어가기에 합당한 것이 아닐까? "오소서, 고독한 이여, 이 고독한 사람에게." 새로운 신학자 시메온(Symeon)[32]은 이렇게 그의 신에게 간구하고 있다.

── 무엇으로부터 고독하게 되었는지에 따라서 두 가지 종류

31) 영원한 언덕 : 여기서는 예루살렘 성전이 서 있는 시온 산을 가리키고 있지만 하시디즘에서는 넓은 뜻을 갖게 되어 영원한 존재자를 가까이 하지 못하는 비유로 쓰이고 있다.
32) Symeon(949~1022) : 동방교회에 속해 있던 신비주의 신학자. 주로 빛의 환상을 수반한 그의 신비 체험으로 유명하다.

의 고독이 있다. 사물을 경험하고 이용하는 데서 떠나는 것을 고독이라고 한다면, 최고의 관계 행위는 물론이고 무릇 관계적 행위에 이르기 위해서 고독은 언제나 필요한 것이다. 그러나 관계가 없는 것이 고독이라고 한다면, 그를 향해 참된 '너'라고 부른 그 존재자에게 버림받은 사람은 신이 받아 주지만, 자기가 존재자를 떠난 사람은 신이 받아 주지 않는다. 존재자를 이용하려고 갈망하는 사람은 존재자들 중의 그 어떤 것에 집착해 있을 뿐이다. '너'를 현재케 하는 힘 속에서 사는 사람은 오직 그들과 맺어져 있을 뿐이다. 그러나 이와 같이 다른 사람과 맺어져 있는 사람만이 신과 만날 채비가 되어 있는 것이다. 왜냐하면 그 사람만이 신의 현실성에 인간의 현실성을 마주 세울 수 있기 때문이다.

고독은 다시 그 목적에 따라서 두 가지로 나누어진다. 고독이 정화(淨化)의 장(場)이라면, 즉 그것이 타자와 맺어져 있는 사람이 저 지성소(至聖所)에 들어가기 전에 필요한 정화의 마당이며, 또한 그가 시련의 한가운데서 피할 수 없는 거절과 확증에로의 상승 사이에 있어서 필요한 정화의 마당이라면, 우리는 고독하도록 지음받은 것이다. 그러나 고독이 격리된 성(城)이며, 거기서 사람이 자신과 만나기를 기다리는 자로서 시험하고 극기하기 위해서가 아니라 자기 영혼의 모양을 가다듬는 자기 향락 속에서 자기 자신과 대화를 나누는 것이라면, 이러한 고독은 정신성(Gestigkeit)으로 떨어지는 정신 특유의 타락인 것이다. 그리하여 사람이 자기 기만에 빠져서, 신을 자기 안에 가지고 있으며 그와 더불어 이야기한다고 망상한다면, 그는 최후의 나락에 빠질 수도 있는 것이다. 그러나 신이 우리를 둘러싸고 우리 안에 거한다는 것은 사실이지만, 우리가 그를 우리 안에 가지고 있는 것은 결코 아니다. 그리고 사람의 언어가 우리들 안에서 다시는 말해지지 않을 때에만 우리는 신과 더불어 말하는 것이다.

* * *

어떤 현대 철학자는, 모든 사람은 반드시 신이 아니면 '우상'을 믿고 있다고 말했다.[33] 우상이란 어떤 유한한 재화—— 자기의 국가, 예술, 권력, 지식, 돈벌이, '항상 새 여자를 정복하는 일' 따위로서—— 이러한 유한한 재화가 그에게 절대적인 가치가 되어 그와 신 사이에 들어서 있다. 그러므로 그 우상을 '때려 부수'려면 이러한 유한한 재화의 제약성을 사람에게 증명해 주기만 하면 된다. 그러면 빗나갔던 종교적 행위는 저절로 그에게 합당한 대상으로 돌아간다는 것이다.

이 해석은 '우상화된' 유한한 재화에 대한 사람의 관계가 신에 대한 관계와 그 본질에 있어서 같은 것이며, 다만 그 대상만 다른 것이라고 하는 전제를 가진다. 그러니까 잘못된 대상을 올바른 대상으로 바꾸기만 하면 그 잘못된 사람을 구원할 수 있다는 것

---

33) Max Scheler의 *Vom Ewigen im Menschen*(1921) 참조.

이다.

그러나 자기 삶의 최고 가치의 왕좌를 차지한 채 영원을 밀어내는 '특정한 어떤 것'에 대하여 사람이 맺는 관계는 언제나 하나의 '그것', 하나의 사물, 하나의 향락 대상을 경험하고 이용하는데로 향하고 있다.

이러한 관계는 아무리 해도 꿰뚫을 수 없는 '그것'의 세계에 가리어, 신과 우리들의 사이를 차단시켜 버리는 것이다. 그러나 '그것'의 세계를 무너뜨리고 우리들에게 신을 향하는 새로운 길을 몇 번이고 다시 열어 주는 것이 있다. '너'라고 부르는 관계가 바로 그것이다. 자기가 획득하고 소유하고 보존하려고 하는 우상에 의하여 지배당하고 있는 사람, 소유욕에 사로잡혀 있는 사람은 단지 인생의 목표뿐만 아니라 행동 양식의 변화까지도 뜻하는 전환이 아니고서는 신에게 나갈 길이 없다.

이와 같이 소유욕에 사로잡혀 있는 사람이 구원받는 것은 관계에 의한 맺어짐을 깨닫고 배움으로써이지, 소유욕에 사로잡힌 채 신에게 나아감으로써가 아니다. 그렇다면 만일 어떤 사람이 여전히 소유욕에 사로잡혀 있으면서 악령(Dämons)의 이름이나 악령처럼 왜곡된 어떤 존재의 이름을 부르지 않고 신의 이름을 부른다면 이것은 무엇을 뜻하는 것일까? 그것은 그가 이제부터 신성(神性)을 모독한다는 것을 뜻한다. 재단 뒤의 우상을 넘어뜨린 다음에 그 더럽혀진 제단에 부정한 제물을 쌓아올리어 신에게 드리고자 한다면 이것이야말로 신성 모독인 것이다.

한 여자를, 그 여자의 생명을 자기의 생명 속에서 현재화시키면서 사랑하는 사람은 그 여자의 눈에 비치는 '너'를 통해서 영원한 '너'의 한 줄기 빛을 볼 수가 있다. 그러나 '언제나 새로운 정복'을 갈망하는 자——그의 욕망 앞에 그대들은 영원한 것의 허깨비라도 내밀려고 하는가? 헤아릴 수 없는 운명의 불길 속에서 타오르고 있는 민족에 봉사하는 사람이 그들을 위해 몸을 바치려고 할 때, 그는 참으로 신을 생각하고 있는 것이다. 그러나 국가(Nation)가 하나의 우상이 되고, 그가 자기의 모습을 국가의 모습에로 끌어올렸기 때문에 그 우상에게 모든 것을 바치려는 사람——그러한 사람에게 그 우상을 싫어하도록 해 주기만 하면 되고, 그렇게 되면 그는 진리를 볼 수 있다고 그대들은 생각하는가? 그리고 형체는 있으나 비실재(das leibhaftige Un-Wesen)인 돈을 사람이 '마치 신이라도 되는 것처럼' 다룬다면 그것은 과연 무엇을 뜻하는 것일까? 강탈이나 축재(蓄財)의 즐거움을 현전자의 현전이 우리에게 주는 기쁨에 어찌 비길 수가 있겠는가? 마몬[財神, Mammon][34]의 종이 돈에게 '너'라고 말할 수 있을까? 그리고 그가 '너'라고 말할 줄 모른다면 어떻게 신에 대하여 '너'라고 부를 수 있을까? 그는 두 주인을 섬길 수 없다.[35]—— 또한 번갈아 가면서 섬길 수도 없다. 그는 먼저 '다른 방법으로' 섬기는 법을 배우지 않으면 안 된다.

---

34) 정확하게는 Mamon, 카르타고 말이라 한다.
35) 〈마태복음〉 6장 24절 참조.

우상을 신과 대치한 전환자(轉換者)가 그때 '소유하는' 것은 그가 신이라고 이름붙인 하나의 허깨비인 것이다. 그러나 영원한 현재인 신은 소유될 수 없다. 화(禍) 있을진저, 신을 소유하고 있다고 생각하는 소유욕에 사로잡힌 사람이여!

* * *

사람들은 '종교적인' 인간을 가리켜 세계나 타자와 관계를 맺을 필요가 없는 사람이라고 말한다. 종교적인 인간에게 외적으로 규정되는 사회적인 단계는 내면에서 작용하는 힘에 의하여 극복되기 때문이라는 것이다. 그러나 사회적이라는 개념에는 근본적으로 다른 두 가지 의미가 섞여 있다. 하나는 관계에 의하여 쌓아올려진 공동체(Gemeinschaft)이며, 다른 하나는 관계를 모르는 여러 단위 인간(Mensh – Einheiten)의 집단화로서 이것은 관계를 상실한 현대인에게서 뚜렷이 볼 수 있는 현상이다. 그런데 '사회성'이라고 하는 지하 감옥으로부터 해방되어 공동체의 밝은 집을 세우는 것은, 사람과 신 사이의 관계 속에서 작용하는 바로 그 힘의 활동이다. 그러나 사람과 신 사이의 관계는 다른 여러 가지 관계들과 같은 성질의 것은 아니다. 그것은 그 속으로 모든 강물이 마를 줄 모르고 끊임없이 흘러 들어가는 우주적 관계(Allbeziehung)다. 바다와 강물들—— 누가 이들을 구분하고 경계를 정하려고 하겠는가?

여기에는 '나'로부터 '너'에게로 무한히 흘러 들어가는 오직 하나의 큰 흐름, 참된 생명의 끝없는 한 줄기 흐름이 있을 뿐이다. 사람은 그의 삶을 '신과 맺는 참된 관계'와 '대상 세계와 맺는 나-그것의 관계'의 둘로 나누어 놓고 한편으로는 신에게 진실로 기도드리고 다른 한편으로는 대상 세계를 이용하면서 살 수는 없다. 세계도 이용하여야 하는 것으로 아는 사람이라면 신에 대해서도 마찬가지 생각을 가진다. 그런 사람의 기도는 다만 자기의 짐을 벗으려는 방편에 지나지 않으며, 그 기도는 허공으로 사라져 버리고 만다. 그는 '무신론자'가 아니라 신을 알면서도 믿지 않는 사람이다. 밤의 어둠 속에서, 그리고 초라한 다락방의 창을 내다보며 그리움에 젖어 '이름 모를 자'를 부르는 무신론자는 결코 신을 믿지 않는 사람은 아니다. 사람들은 더 나아가 '종교적인' 인간을 가리켜, 단독자(Einzelner)로서,[36] 유일자(Einziger)로서, 초절자(超絶者, Abgelöster)로서 신 앞에 나아가는 자라고 말한다. 종교적인 인간은 이 세상의 의무와 책임감에 얽매여 있는 '윤리적인' 단계의 인간을 초월해 있기 때문이라고 한다. 사람들의 견해는 다음과 같다.

"윤리적인 인간은 자기 행위에 책임을 지는데, 그 까닭은 그가 존재(Sein)와 당위(Seinsollen) 사이에서 빚어지는 긴장에 의하여 전적으로 규정되기 때문이다. 그리하여 기이하게도 아무런 희

---

36) M. Stirner의 유일자(唯一者). 그리고 부버는 여기서 Sören Kierkegaard의 이른바 생의 3단계설(三段階說)과 단독자에 대한 주장을 비판하고 있다.

망이 없는 희생적 용기에 가득 차서 자기 심장을 쪼개어, 존재와 당위 사이에 놓인 메울 수 없는 틈 속으로 한 조각씩 던져 넣는 것이다. 이에 반하여 종교적인 인간은 세계와 신 사이의 긴장을 초월해 있다. 그리고 그는 책임을 지고 있다는 불안 및 자신에게 부과된 의무에 대한 불안을 벗어 버리라는 신의 계명에 따른다. 그에게 자신의 의지란 없으며, 오직 신의 섭리에 따르는 것(Gefügtsein)만이 존재한다. 이 경우에 모든 당위는 무한한 절대자 속에서 소멸되며, 세계는 아직도 존재하고 있지만 그것은 이미 중요한 것이 못된다. 그리고 사람은 이 세상에서 자기의 할 일을 이행하여야 하지만 그것을 의무로서 하는 것은 아니며, 모든 행위를 무의미한 것(Nichtigkeit)으로서 행한다."

그러나 이와 같은 견해는 망상에 지나지 않는다. 이것이 만일 올바른 견해라면, 신은 세계를 한갓 가상(假像)으로 만들고 사람을 미몽(迷夢) 속에 있도록 창조한 것이 된다.

물론 신을 향하여 나아가는 사람은 의무와 책임감을 초월하고 있다. 그러나 그것은 그가 세계를 떠나 있기 때문이 아니라, 참으로 세계와 가까이 있기 때문이다. 사람은 낯선 사람에 대해서만 의무와 책임감을 느끼고 친한 사람에게는 친절과 애정을 느낀다. 사람이 신 앞에 나아갈 때, 세계는 현재의 충만 속에서 영원의 빛을 받아 처음으로 그의 앞에 완전히 현전하게 된다. 그리고 그때에 그는 모든 존재자의 실재(Wesenheit aller Wesen)를 향하여 한마디로 '너'라고 부를 수 있게 된다. 이때에 세계와 신의 사이에는 이미 어떠한 긴장도 없으며 오직 하나의 현실만이 존재한다. 그렇다고 해서 종교적 인간이 책임을 벗어난 것은 아니다. 다만 그는 결과에 대해 조바심하는 유한한 책임의 고통 대신에 무한한 책임을 지는 원동력을 가지는 것이다.

그러나 원동력은 측량할 길 없는 세계의 모든 사건에 대한 사랑의 책임을 다할 수 있는 힘이며, 그것은 또한 신 앞에 설 때 비로소 세계 안에 깊이 관련됨을 뜻한다. 종교적 인간은 확실히 윤리적 판단을 영원히 내버렸다. 그에게 있어서 '악인(惡人)'이라는 것은 그에게 보다 깊은 책임을 요구하며 보다 큰 사랑을 필요로 하는 존재일 뿐이다. 그러나 그는 깊은 곳에서 우러나는 자발성에 따라, 옳은 행위를 위하여 침착하게 그리고 언제나 새로이 결단하는 일을 죽는 순간까지 계속하여야 한다. 이렇게 할 때 그의 행위는 무의미한 것이 아니다. 그것은 의도되고 위임받은 행위이며 필요한 행위이다. 그리고 창조에 속하는 것이다. 그러나 그 행위는 세계에 대한 의무로서 부과되는 행위가 아니라, 세계와의 접촉에서 마치 무위(無爲)인 양 생겨나는 것이다.

* * *

영원한 것, 그리고 우리가 계시라고 부르는 것이 지금 이 세상에 실현된다면 그 근원적인 현상은 무엇일까? 그것은 저 지극히 높은 만남의 순간에서 나오는 사람은 이미 그 만남의 순간 속으로 들어가던 때의 그와는 다른 사람이라는 것이다. 만남의 순간이란 감수성 강한 영혼 안에서 일어나 복되게 완성되는 어떤 '체험'이 아니라, 바로 그 순간에 새로운 어떤 것이 사람에게 일어나는 것이다. 그것은 때로는 미풍 같고, 때로는 격투와 같이 강렬한 것일 수도 있지만 어쨌든 무엇인가가 일어난다는 것은 사실이다. 순수한 관계의 본질적 행위로부터 밖으로 나오는 사람은 그의 존재 속에 무언가 더 많은 것을 가지게 된다. 그것은 그가 이전에 알지 못했던 것이며, 또 그의 근원을 올바로 가리킬 수 없는 것이다. 과학적인 세계 정위(定位)는 언제나 빈틈없이 인과율을 적용하려는 정당한 노력으로 새로 나타난 것의 유래를 밝힌다.

그러나 현실적인 것의 현실적인 고찰을 문제 삼는 우리에게는 잠재의식이라든가 그 밖의 다른 정신과학의 장치는 아무 소용도 될 수 없다. 현실성이란 우리가 지금까지는 우리에게 없었던 것을 받아들이는 것, 그리고 그것이 우리에게 주어진 것으로 알고 받아들이는 것이다. 성경에 "하나님을 기다리는 자는 새 힘을 얻을 것이다."[37]는 말씀이 있다. 자신의 보고에서 현실에 성실하였던 니체는 "사람들은 주는 것을 받지만 누가 주는지 묻지 않는다"[38]고 말하였다.

사람은 받아들인다. 그리고 그는 하나의 '내용'이 아니라 하나

---

37) 〈이사야〉 40장 31절 참조.
38) 니체의 《이 사람을 보라(Ecce Homo)》 중의 3부 〈왜 나는 이렇게 훌륭한 글을 쓰는가?〉에 나오는 말.

의 현재, 힘으로서의 하나의 현재를 받아들인다. 이 현재이며 힘인 것은 세 가지를 포함하고 있다. 그 세 가지는 뚜렷이 구분되는 것은 아니지만, 그렇다고 해도 우리는 그것을 세 가지 별개의 것으로 생각해 볼 수 있다.

첫째는 참된 상호 관계, 즉 받아들여진 것, 관계 맺어진 것의 전적인 충만이다. 이때 사람은 그것이 어떤 상태인지, 무엇에 관계 맺어졌는지를 전혀 설명할 수 없으며, 또 그 관계로 인하여 사람의 삶이 가벼워지는 것은 아니다. 오히려 그것은 삶에 의미를 줌으로써 삶을 보다 무겁게 해준다.

그리고 둘째는 말로써 표현할 수 없는 의미의 확증이다. 의미는 보증되어 있다. 아무것도, 그 어느 것도 이제는 더 이상 무의미하지 않다. 거기에는 이미 삶에 대한 의문이 없다. 그러나 그러한 의문이 있다 하더라도 그에 대답할 수는 없다. 우리는 삶의 의미를 제시할 줄도 모르며 또 규정할 줄도 모른다. 우리는 삶의 의미를 밝힐 수 있는 어떤 공식이나 도식도 가지고 있지 않다. 그러나 그럼에도 불구하고 삶의 의미는 우리의 감각적 인식보다도 더 확실한 것이다. 계시되어 있으면서도 감추어져 있는 이 의미는 우리에게 무엇을 뜻하며, 무엇을 요구하는 것일까? 이 의미는 해석되기를 원하지 않으며, 또한 우리는 그것을 해석할 수도 없다. 그것은 다만 우리들에 의하여 실현되어지기를 바랄 뿐이다.

셋째로 삶의 의미란 '내세의 것'이 아니라 '현세의 것'이며, 저세상의 의미가 아니라 우리의 이 세상의 의미라는 것이다. 이 의미는 이 세상의 삶에서, 이 세계와의 관련 속에서 우리에 의하여 실현되기를 바라고 있다. 이 의미는 받아들여질 수 있지만 경험될 수는 없다. 그리고 경험될 수는 없지만 실현될 수는 있다. 바로 이 점이 삶의 의미가 우리에게 요구하는 것이다. 그 의미의 확증은 내 안에 갇혀 있기를 바라는 것이 아니라, 나를 통하여 세계에 태어나기를 원하고 있다. 그러나 그 의미 자체는 일반적으로 받아들여질 수 있는 보편타당한 지식으로 바뀌어 명시될 수는 없다.

이와 마찬가지로 의미의 확증도 하나의 타당한 당위로서 옮겨질 수 없는 것이다. 이것은 규정되어지지 않으며, 만인의 머리 위에 걸 수 있는 게시판에 기록될 수도 없다. 각 사람은 다만 자기가 받아들인 의미를 자기 존재의 유일성과 자기 삶의 일회성 가운데서 확증할 수 있을 뿐이다. 우리는 어떠한 규정에 의해서도 만남에 이르지 못한다. 또한 만남으로부터 규정을 이끌어내지도 못한다. 만남에 이르기 위하여는 오직 현재를 받아들이는 일이 필요할 뿐이다. 마찬가지로 만남으로부터 이 세계에로 돌아오기 위해서도 새로운 의미로 현재를 받아들이는 일이 필요하다. 우리는 오직 '너'를 부름으로써만 만남에 이를 수 있듯이, 또한 '너'를 부름으로써만 만남으로부터 이 세계에로 돌아올 수 있다.

이와 같이 우리는 신비 앞에서 살고 또한 그 안에서 살며, 신비로부터 나오고 또한 그 안으로 들어가면서 산다. 그 신비는 우리가 그와 관계를 맺은 뒤에도 여전히 그 이전과 같은 신비로 머물러 있다. 우리가 신비와 관계를 맺음으로써 신비는 우리에게 현전하게 되었으며, 그 현전을 통하여 구원으로서의 자신을 우리에게 알려주었다. 우리는 그것을 '알았다.' 그러나 우리는 그 신비에 대하여, 그의 신비성을 줄이거나 약하게 만드는 어떠한 인식도 얻지 못했다. 우리는 신에게 가까이 갔지만 그러나 그 존재의 수수께끼를 풀고 비밀을 밝혀내는 데까지 가까이는 가지 못했다. 우리는 '구원'을 느꼈지만 '해답'을 얻지는 못했다. 우리는 우리가 받아들인 것을 가지고 다른 사람에게 가서, 이것은 알아야 하고, 이것은 행하여야 한다고 말할 수가 없다. 우리는 다만 가서 확증할 수 있을 따름이다. 그러나 우리는 그 확증을 '해야만 하는 것(sollen)'이 아니다── 우리는 그렇게 할 수 있으며 (können)── 그렇게 하지 않을 수 없는 것(müssen)이다.

이것이 지금 여기에 현전하는 영원한 계시이다. 나는 계시의 근원 현상이 그 밖의 다른 모습을 가진 것을 알지 못하며 믿지도 않는다. 나는 신이 사람 앞에서 스스로 이름을 붙였다거나 스스로 규정했다고는 믿지 않는다. 계시의 말씀은 바로 "나는 내가 있는 대로 있는 것이다(Ich bin da als ich da bin)."[39] 계시하는 자가 바로 계시하는 자다. 존재하는 자가 바로 존재할 뿐, 그 밖에는 아무것도 없다. 영원한 힘의 샘은 흐르고, 영원한 접촉은 기다리고 있으며, 영원한 음성이 울리고 있다. 그 밖에는 아무것도 없다.

---

39) 〈출애굽기〉 3장 14절. 1957년 이전의 루터 역에는 "Ich bin der ich bin"으로 되어 있으며, 우리말 성서에서는 "나는 스스로 있는 자니라"로 옮기고 있다. 여호와 신이 모세에게 한 말.

* * *

영원한 '너'는 그 본질상 '그것'이 될 수 없다. 왜냐하면 영원한 '너'는 그 본질상 척도와 한정 속에, 또한 측량할 수 없는 것이라는 척도와 한정될 수 없는 존재라는 한정 속에도 놓일 수 없기 때문이다. 영원한 '너'는 그 본질상 여러 특성의 총화로서 파악될 수 없으며, 또한 초월적 존재로까지 높여진 특성의 무한한 총화로서도 파악될 수 없기 때문이다. 영원한 '너'는 세계 안에서도 세계 밖에서도 만나볼 수 없기 때문이다. 영원한 '너'는 경험될 수 없기 때문이다. 영원한 '너'는 생각될 수 없기 때문이다. 만일 우리가 "나는 그가 존재함을 믿는다"고 말한다면 우리는 저 존재자를 놓쳐 버리고 말 것이기 때문이다 —— '그' 역시 아무래도 비유(Metapher)이지만, '너'는 그렇지 않다.

그러나 그럼에도 우리는 영원한 '너'를 몇 번이고 되풀이하여 '그것'으로, 즉 그 어떤 것으로 만들며 신조차도 사물로 만든다 ——그것은 우리의 본성에 의한 것이지 결코 자의(恣意)가 아니다. 신은 사물화되어 역사를 이루어나간다. 사물로서의 신은 종교와 종교 주변에서 이루어진 온갖 문화적 영역을 통하여 그의 길을 간다. 그리고 종교가 비추는 빛과 어둠의 길을 통하여, 때로는 삶을 고양시키고 때로는 파괴하면서 그의 역사를 이루어 나간다. 이것이 곧 살아 있는 신으로부터 나와서 다시 그에게로 돌아가는 역사의 과정이다. 현전자의 변전(變轉), 형체화, 대상화, 개념화, 해체, 새로워짐, 이 모든 것은 결국 하나의 길이며, 바로 신의 역사의 길이다.

종교는 흔히 확정적인 지식과 행위의 규정을 제시하는데, 이런 것은 어디에서 나오는 것일까? 모든 종교는 언어에 의한 것이든, 자연에 의한 것이든, 심령에 의한 것이든, 필연적으로 어떠한 양상의 계시에 근거하고 있다. 엄밀하게 말해서 모든 종교는 계시 종교다. 그런데 사람이 계시를 통하여 받아들이는 계시의 현존과 힘이 어떻게 내용으로 바뀔 수가 있을까?

이에 대한 설명으로는 두 가지를 들 수 있다. 첫째로 우리는 인간을 역사에서 분리시켜 그 자체로 관찰할 때 그의 외적이며 심리적인 면을 인식한다. 다른 한편으로 우리가 인간을 역사 속에 되돌려 넣어 관찰할 때 그의 내적이고 사실적인 면, 즉 종교의 근원 현상을 인식하게 된다. 이 두 가지 측면은 함께 하나의 전체를 이룬다.

사람은 신을 소유하기를 열망한다. 그는 시간과 공간 속에서 신을 연속적으로 소유하기를 열망한다. 삶의 의미는 말로 표현할 수 없으나 확증되는 것이지만, 사람은 그것으로 만족하려 하지 않는다. 사람은 삶의 의미를 몇 번이고 되풀이하여 움켜잡고 조종할 수 있는 어떤 것으로서, 즉 모든 지점, 모든 순간에 있어서 자기 삶을 보증해 주는 시간적, 공간적으로 빈틈이 없는 하나의 연속체로서 확대시켜 보려고 한다.

순수한 관계의 생명의 리듬, 즉 그의 현실태와 가능태와의 교대는 연속성에 대한 사람의 갈망을 만족시키지 못한다. 가능태의 세계에서는 오직 우리의 관계의 힘과 그에 따라서 현실성이 쇠퇴할 뿐이지 근원적 현재성은 쇠퇴하지 않는다. 사람은 시간적인 확장, 곧 지속을 욕구한다. 그로 인하여 신은 신앙의 대상이 된다. 근원적으로 신앙은 시간 안에서 관계 행위를 보충하는 것이지만 서서히 관계 행위를 대신하게 된다. 그리하여 마침내는 집중과 나아감이라고 하는 본질적인 운동을 언제나 새로이 결단하는 대신에 '그것'에 대한 신앙 속에 안주해 버리게 된다. 신은 멀리 계시며 동시에 가까이 계시다는 것을 알고 있는 투사의 "그렇지만 나는 믿는다(Dennoch – Zuversicht)"라는 경건한 신앙도 점차 변하여 이익 본위의 인간이 갖는 확신으로 바뀌고 만다. 그 확신이란 "내게는 아무 일도 일어나지 않는다. 왜냐하면 나는 나에게 불행한 일이 일어나지 않도록 해 주시는 하나님이 계심을 믿고 있기 때문이다"라고 하는 것이다.

순수한 관계가 지닌 삶의 구조, 곧 '너' 앞에 서 있는 '나'의 고독이라든가, 사람은 신과의 만남 속에서 이 세계의 모든 것을 포괄하는 것이지만 그러나 여전히 오직 인격으로서만 신에게 나아가며 그와 만날 수 있다고 하는 법칙, 이런 것들도 역시 연속성에 대한 인간의 갈망을 충족시키지 못한다. 사람은 공간적인 확장을 욕구하며, 신앙을 가진 자들의 공동체가 신과 결합되어 있음을 나타내는 확고한 표시를 바란다. 그리하여 신은 제사의 대상이 된다. 제사 또한 처음에는 관계 행위를 보충하는 것이었다. 그것은 우리가 직접적으로 '너'라고 부르는 생명 있는 기도를 위대한 형성력을 가진 공간적 연관에 적합시키고 감각적인 삶과 연결시켜 주었다. 그러나 그 제사도 점차로 하나의 대치물로 되어 버렸다. 개인의 기도는 이미 집단의 기도 속에서 더 이상 지탱되지 못하고, 오히려 그 집단의 기도에 의해 밀려나며, 그리하여 저 본질 행위는 결코 어떠한 규칙도 허용하지 않는데도 규칙화된 예배 (Andacht)가 그 자리에 들어서게 되는 것이다.

그러나 사실은 순수한 관계는 삶의 전질료(全質料) 속에 자신을 구현시킴으로써 공간적 · 시간적 항상성을 얻을 수 있는 것이다. 순수한 관계는 확증될 수 있을 뿐이지 보존될 수는 없다. 그것은 이 세상에 이끌어 들여지고 삶 속에 실현될 뿐이다. 사람은 자기의 능력에 따라서 그날그날에 알맞게 날마다 새로이 이 세계 속에서 신을 실현해 갈 때에, 그가 관여되어 있는 신과의 관계를 올바르게 할 수 있는 것이다. 여기에 지속의 유일하고도 진정한 보장이 있다. 지속의 진정한 보장은 모든 존재가 '너'가 되고 '너'에게로 높아짐으로써 순수한 관계가 성취되고, 저 거룩한 근원어가 만물 속에서 울려 퍼지는 데서 성립한다. 그리하여 사람의 삶의 시간은 현실의 충고로 형성되어 간다.

그리고 비록 '그것'과의 관계(Esverhältnis)가 극복될 수 없으며 또 극복되어서는 안 된다 하더라도, 사람의 삶은 그때에 관계의 힘에 의하여 두루 침투되어 사람의 삶 속에서 하나의 빛나는, 투명하게 빛나는 항상성을 얻게 된다. 최고의 만남의 순간들은 거기서는 어둠 속에 빛나는 섬광이 아니라 별이 빛나는 맑은 밤에 떠오르는 달과 같은 것이다. 그리고 하나의 원이 참된 '너'에 대한 사람들의 관계에 의하여, 즉 모든 '나'의 지점(Ichpunkt)으로부터 그의 중심으로 뻗치는 무수한 반지름에 의하여 이루어지는 데에 공간적 항상성의 참된 보장이 있다. 이때에 가장 중요한 것은 그 원둘레, 즉 공동체가 아니라 그의 반지름, 곧 중심에 대한 관계의 공통성이다. 이것만이 공동생활의 진정한 존립을 보장하는 것이다.

관계에 의한 구원받은 삶에 있어 시간의 결합과 중심에로 통일되어 있는 공동체에 있어서의 공간과의 결합, 이 두 가지가 이루어지고 또 존속하고 있는 동안에만 눈으로 볼 수 없는 제단의 주위에 하나의 인간의 우주, 곧 영원한 시간(Äon)[40]의 세계 질료로 정신 속에서 이루어진 인간의 우주가 이루어지고 또 존속하는 것이다.

사람이 신과 만나는 것은 그가 신에게만 관계하기 위해서가 아니라, 그 만남의 의미를 이 세계에서 확증하기 위해서다. 모든 계시는 소명(Berufung)이며 사명(Sendung, 보냄)이다. 그러나 사람은 그 뜻을 실현하는 대신에 되풀이하여 계시자에게로 휘어 돌아오며(Rückbiegung), 세계와 관계하는 대신에 신과 관계하

---

40) Äon(aión)은 존속이 있는 기간, 이를테면 사람의 일생, 한 세대, 우주의 한 주기를 의미하며, 용법에 따라서는 영원을 의미하는 말로서 gnosis파의 중요한 말이 되었다. 여기서는 신의 영원성을 의미한다.

려고 한다.

그러나 휘어 돌아온 자에게는 이제 어떠한 '너'도 마주 서 있지 않으며, 다만 하나의 '그것'으로서의 신(Gottes – Es)을 사물의 세계(Dinglichkeit)에 집어넣고, 신에 대하여 하나의 '그것'으로 알고 있다고 생각하며 그러한 신에 대하여 이야기할 수밖에 없는 것이다. 자기 본위의 사람이 그 어떤 것, 이를테면 지각이나 애착과 같은 것을 직접적으로 살아가는 대신에 지각하거나 또는 애착하는 '나'에게 눈을 돌리고, 그 때문에 사건의 진실을 놓치게 되는 것처럼, 신 본위의 사람(신과 자아의 차이를 빼놓으면, 자기 본위라는 점에서는 매우 일치하고 있다)도 주어진 선물을 충분히 살리는 대신에 주는 자에게만 눈을 돌림으로써 양쪽을 모두 놓치게 된다.

그대가 신으로부터 보냄을 받고 있을 때에도 신은 여전히 그대 앞에 현전하고 있다. 보냄을 받고 사명을 수행하고 있는 자는 언제나 그 앞에 신을 가지고 있다. 사명에 충실하면 할수록 더욱 강하고 더욱 부단히 신에게 가까이 간다. 물론 그는 신과 관계할 수는 없다. 그러나 그는 신과 말을 나눌 수는 있다. 이와 반대로 휘어 돌아오는 것은 신을 대상으로 만든다. 휘어 돌아오는 것은 겉보기에는 근원자에게로 돌이키는 것(Hinwendung) 같이 보이지만 사실은 근원자로부터 떨어져 나가는 (Abwendung) 세계 운동에 속하는 것이다. 이것은 마치 사명을 다하는 자가 겉보기에는 떨어져 나가는 것 같지만 사실은 근원자에게로 돌이키는 세계 운동에 속하는 것과 같다.

왜냐하면 세계는 양세계적(metakosmisch)인 근본 운동, 즉
자기 자신의 존재 속으로 확장하는 운동과 결합에로 전환[41]하는
운동으로 이루어져 있는데, 우리는 이 두 가지 운동의 갈등과 조
화, 분열과 결합의 가장 인간적인 형태와 진실한 정신적인 형태
를 신에 대한 인간의 관계의 역사 속에서 찾아볼 수 있기 때문이
다. 전환으로 인하여 신의 말씀은 지상에 태어나고, 확장으로 인
하여 그것은 종교라는 번데기로 변모하며, 다시 새로운 전환에
의하여 그것은 새 날개를 달고 태어난다.

여기서는 자의가 지배하지 못한다. 때로는 '그것'에로의 운동
이 '너'에게로 다시 나아가는 운동을 억누르고 질식시킬 위험이
있기는 하지만, 인간의 자의는 여기서 아무런 지배력을 갖지 못
한다.

많은 종교가 그 근거로 삼고 있는 강력한 계시는 어느 곳에나
어느 때에나 있는 침묵의 계시와 근본적으로 동일한 것이다. 위
대한 공동체의 출발점이라든가 시대의 전환기에 나타나는 강력
한 계시는 바로 영원한 계시와 똑같은 것이다. 그러나 계시는 마
치 깔때기를 통하듯 그 계시를 받는 사람을 통하여 세계에 부어
지는 것이 아니다. 계시는 그것을 받는 사람에게 작용하고, 그의
모든 존재에 있어서의 그의 전체 요소를 사로잡아 그것과 융합된

---

41) (신과의) 결합으로 돌아가는 엠페도클레스의 《단편》 17 참조.

다. 또한 계시를 전하는 '입'인 사람은 바로 입일 뿐, 확성기도 아니고 도구도 아니다. 그것은 기관이며, 고유한 법칙에 따라서 소리를 내는 기관인 것이다. 그리고 소리를 낸다는 것은 변음(變音)하여 낸다는 것이다.

역사의 각 시기에는 그러나 질적인 차이가 있다. 이를테면 때의 성숙이라는 것이 있어서 억압되고 잘못 메워진 참된 인간 정신의 요소가 지하에서 준비가 다 되어 더없이 절박하고 긴장된 상태를 이루어, 누구든 건드려 주기만을 고대하고 있다가 터져 나오는 일이 있다. 이때 나타나는 계시는 그렇게 기다리고 있던 모든 요소를 그의 전체 성질 속에 붙잡아 녹여서 그 속에 하나의 형태, 곧 이 세계에 있어서의 하나의 새로운 신의 형태를 만들어 내는 것이다.

이렇게 역사의 과정 속에서, 즉 인간적인 요소의 변화 속에서 세계의 영역과 정신의 영역이 언제나 새로운 형태를 띠고 나타나며, 신적인 형태에로 부름을 받는 것이다. 언제나 새로운 영역이 신의 현현(顯現, Theophanie)의 터가 되는 것이다. 여기서 작용하는 것은 사람 자신의 힘이 아니며 또한 순전한 신의 과정만도 아니다. 그것은 신적인 것과 인간적인 것이 혼합된 것이다. 계시를 받고 보냄을 받은 사람은 자기 눈 속에 하나의 신의 형상을 지니고 걸어간다 —— 아무리 그 상이 초감각적인 것이라 하여도 그는 그 상을 그의 정신의 눈 속에, 비유적인 것이 아닌, 그의 정신의 전적으로 현실적인(real) 눈의 힘으로 보면서 걸어가는 것이다. 정신은 또한 바라봄으로써, '형상을 이루는(bildend)' 바라봄으로써도 응답을 한다. 우리들 지상적인 존재는 또한 세계가 없는 신을 결코 볼 수 없으며 오직 신 안에서 세계를 볼 수 있을 뿐이지만, 바라보면서 우리는 영원히 신의 형태를 이루어 가는 것이다.

형태도 역시 '너'와 '그것'의 혼합체다. 형태는 신앙이나 종교의식의 영역에서 대상으로 굳어 버릴 수가 있다. 그러나 형태는 관계의 정수(精髓, Essenz)가 그 속에서 계속하여 살아 있다면, 언제나 다시 현재가 된다. 신은 그의 여러 형태[42]에 가까이 있다. 사람이 그것들을 신으로부터 밀어내지 않는다면 말이다. 진실한 기도에서 종교의식과 신앙은 하나로 되며 살아 있는 관계로 정화된다. 진실한 기도가 종교 속에 살아 있다고 하는 것은 그 종교에 참된 생명이 있다는 증명이다. 뭇 종교는 그 속에 기도가 살아 있는 한, 살아 있는 것이다. 종교의 타락이란 그 종교 안에 있는 기도의 타락을 뜻한다. 뭇 종교에 있어서 그의 관계 능력은 대상성에 의하여 점점 더 메워지고, 사람이 자기의 온 존재, 나누어지지 않은 존재를 기울여 '너'라고 말하기가 어려워진다. 그리고 마침내 사람이 그와 같이 '너'라고 말할 수 있으려면, 거짓된 안전에서 벗어나 무한자의 모험 속에 뛰어들지 않으면 안 되며, 오직 성전

---

42) 이때의 형태는 신 자신의 그것이 아니라 사람이 그것을 가지고 신 또는 신과 사람의 관계를 표상하는 여러 가지 유형물(有形物)이라든가 형상적(形象的)인 표현을 가리키고 있다.

의 둥근 지붕으로만 덮여 있고 창공으로는 덮여 있지 않은 공동체를 벗어나서 궁극적인 고독에 들어가지 않으면 안 된다.

만일 이러한 충동을 '주관주의(Subjektivismus)'로 돌린다면, 가장 근원적인 데서부터 오해하는 것이 된다. 신의 면전에서의 삶이야말로 유일한 현실에서의 삶이며, 유일한 참된 객체(Objektum) 속에 사는 삶이다. 그리고 이렇게 들어서는 사람은 거짓된 환상적인 객체로부터 그것이 그의 진리를 방해하기 전에 참으로 존재하는 객체 속에로 자신을 구원하려고 한다. 주관주의란 신을 영혼화(Verseelung)하는 것이며, 객관주의는 신을 대상화하는 것이다. 전자는 거짓된 해방이며 후자는 거짓된 고정화다. 둘 다 현실성의 길에서 벗어난 것이며, 현실을 대신하는 것을 찾으려는 시도다.

신은 그의 여러 형태에 가까이 있다. 사람이 그것들을 신으로부터 밀어내지 않는 한에서 그러하다. 그러나 종교의 확장하는 운동이 저 전환의 운동을 억누르고 신의 형태를 밀어낸다면, 그 형태의 얼굴은 소멸되며, 입술은 죽어 버리고, 손은 축 늘어져, 신은 이미 그 형태를 알지 못하며, 그 형태의 제단 둘레에 세워져 있던 세계의 집(Welthaus), 곧 사람의 세계는 허물어진다. 그리고 사람이 자신의 진리를 방해하는 가운데 무슨 일이 일어나고 있는지를 이미 보지 못한다고 하는 것, 이것이 그때 일어나는 일 가운데 하나다.

말의 해체가 일어난 것이다.

말은 계시 가운데 본질적으로 존재하며, 형태의 삶 속에서 작용하지만, 죽어 버린 형태가 지배하게 되면 위급하게 된다.

이것이 바로 영원한, 그리고 역사 안에서 영원히 현전하는 말의 오가는 길인 것이다.

본질적인 말이 나타나는 시대에는 '나'와 세계와의 결합이 갱신된다. 작용하는 말이 다스리는 시대에는 '나'와 세계와의 사이에 일치가 유지된다. 말이 위급하게 되는 시대에는 '나'와 세계와의 사이에는 비현실화와 소외가 일어나며 숙명의 지배가 성취된다 ──마침내 큰 전율이 오고 어둠 속에서 숨을 죽이고 준비된 침묵이 찾아들 때까지.

그러나 이 길은 원(圓)이 아니다. 그것은 길이다. 모든 새 시대에 있어서 숙명은 더욱 억압적인 것이 되며, 전환은 더욱 돌파력을 가진 것이 되어야 한다. 그리고 신의 현현은 '더욱 가까워진다.' 그것은 '존재와 존재 사이'의 영역에 가까워지며, 우리의 중심, 우리의 사이(Dazwischen)에 숨어 있는 나라에 가까워진다. 역사란 하나의 신비에 찬 접근이다. 그 접근의 길의 하나하나의 나선은 우리를 더 깊은 파멸로 그러나 동시에 보다 근본적인 전환에로 인도한다. 그러나 그 사건은 세계 쪽에서는 전환이고, 신 쪽에서는 구원이라고 하는 것이다.

저자 후기

1

이 책의 첫 윤곽을 잡았을 때(40여 년 전에) 나는 어떤 내적 필연성에 쫓기고 있었다. 젊었을 때부터 몇 번이고 되풀이하여 나를 엄습해 왔다가는 다시금 흐려지곤 하던 하나의 전망(展望)이 그때 지속적인 밝음을 얻었던 것이다. 그리고 그것은 분명 초(超)개인적 성질의 것이었으므로 나는 그것을 증언해야만 한다는 것을 즉시 깨달았다. 그것을 표현하는 데 적합한 말을 얻어 이 책을 최종적인 형태로 써 낼 수 있었던 얼마 후에[1] 아직도 보충해야 할 것이 꽤 많다는 것이 알려졌다.

그러나 그러한 보완은 따로 독자적인 형식으로 이루어져야 했다. 그래서 다시 몇 권의 작은 책들이 생겨났는데,[2] 그것들은 문제의 그 전망을 실례를 들어 명료하게 하거나, 이론(異論)을 반

---

1) 이 책의 초판은 1923년에 나왔다.

박하기 위해 해명하거나, 비록 나의 전망에 중요한 영향을 끼쳤다고는 하지만 하느님에 대한 관계는 이웃(Mitmensch)에 대한 관계와 밀접하게 맺어져 있다고 하는 나의 근본 관심사에 그의 중심적 의의를 두고 있지 않은 여러 사상을 비판한 것이었다. 그 후 나는 다시 인간학적인 원리[3]나 사회학적 결론[4]에서는 보완적 언급을 덧붙였다. 그러나 그럼에도 불구하고 모든 것이 아직도 충분히 해명되지 않았음을 알게 되었다. 거듭 나는 독자들로부터 이러저러한 것은 무엇을 의미하는 것이냐는 질문을 받았던 것이다. 나는 오랫동안 한 사람 한 사람에게 대답을 해왔는데, 차츰 그렇게 해서는 요구에 바로 응할 수 없다는 것을 알게 되었다.

더욱이 나는 대화의 관계를 말하기로 작정한 독자들에게만 한정해서는 안 된다는 것 ──어쩌면 침묵을 지키고 있는 사람들 중에 도리어 특별히 고려하지 않으면 안 될 많은 사람이 있다는

---

2) 《대화(Zwiesprache)》(1930), 《단독자에 관한 물음(Die Frage an den Einzelnen)》(1936) ──Buber, *Das dialogische Prinzip*(Heidelberg, Lambert-Schneider, 1962)에 수록.
《교육적인 것에 관하여(Über das Erzieherische)》(1926) ──(Buber, *Reden über Eriziehung*(Heidelberg, Lambert-Schneider, 1962)에 수록.
《인간의 문제(Das Problem des Menschen)》(Heidelberg, Lambert-Schneider, 1961)(히브리어 판은 1942)에 수록. 후에 M. Buber, *Werke* I. Bd. *Schriften zur Philosophie*(München u. Heidelberg, 1962)에 모두 수록.
3) 《원(原)간격과 관계(Urdistanz und Beziehung)》(1950)(Heidelberg, Lambert-Schneider, 1960) ──*Werke* I. Bd. (1962)에 수록.
4) 《사람들 사이의 요소들(Elemente des Zwischenmenschlichen)》(1954) ──Buber: *Das dialogische Prinzip*(Heidelberg, Lambert-Schneider, 1962) ──*Werke* I. Bd. 1962에 수록.

것을 알았다. 그래서 나는 우선 의미상 서로 관련이 있는 몇 가지의 본질적인 물음에 대해 공개적으로 대답하지 않을 수 없었다.

2

첫째 물음은 대략 다음과 같이 정리될 수 있다. 만일 우리가 이 책에서 말하고 있는 것처럼 비단 다른 사람하고만이 아니라 자연계에서 우리와 마주하는 생물이나 사물들하고도 '나 – 너 – 관계(Ich – Du – Verhältnis)'에 들어설 수 있다면, 이 두 가지 관계 사이의 근본적 차이를 이루는 것은 과연 무엇인가? 또는 보다 정확히 말해서 만일 '나 – 너 – 관계'가 '나'와 '너'의 양자를 사실적으로 포괄하는 상호성(Wechselseitigkeit)을 전제로 하는 것이라면, 어떻게 자연적인 것에 대한 관계(Beziehung)를 이 같은 관계(Verhältnis)로 이해할 수 있을까? 아니, 보다 엄밀하게 말해, 만일 우리가 우리의 '너'로서 만나는 자연계의 생물이나 사물들도 우리에게 일종의 상호성(Gegenseitigkeit)을 주는 것을 보아야 한다면 이 상호성의 성격은 무엇이며, 우리가 거기에다 이 기본 개념을 적용할 수 있게 하는 것은 무엇인가?

이 같은 물음에 대한 통일된 답이 없음은 명백하다. 여기서 우리는 자연을 여느 때와 같이 하나의 전체로서 파악하는 대신 자연의 여러 구역을 따로따로 관찰하지 않으면 안 된다. 사람은 일찍이 동물들을 '길들였고' 지금도 여전히 이 독특한 영향력을 행사할 수가 있다. 사람은 자기의 환경 속으로 동물을 끌어들여 그들로 하여금 사람이라는 낯선 존재를 일종의 원시적인 방법으로 받아들이게 하고 '그와 관계를 맺게끔' 한다. 사람은 동물에게 접근하거나 말을 건넬 때 그들로부터 일종의 때때로 놀랍고도 능동적인 응답을 받는다.

더욱이 일반적으로 그의 관계가 순수하게 '너'라고 부르는 것(Dusagen)일수록 그 응답은 더욱 세차고 직접적인 것이 된다. 확실히 동물은 어린아이와 마찬가지로 가장된 부드러움을 곧잘 간파할 줄 안다. 그러나 길들여진 영역 밖에서도 때로 비슷한 접촉이 사람과 동물 사이에 일어나는 수가 있다. 이때 사람에게 그의 존재의 바탕에 동물과 동아리가 될 수 있는 어떤 잠재적인 성질이 있어야 한다──그렇더라도 중요한 것은 무슨 현저하게 '동물적'인 인격이 아니라 자연스럽게 정신적인 인격이다.

동물은 사람처럼 이중적이 아니다. 즉, '나-너', '나-그것'이라는 근원어의 이중성은 비록 동물이 어떤 다른 존재를 향하기도 하고 여러 가지 대상에 눈을 돌릴 수 있다 해도 그들에게는 생소한 것이다. 그러나 어쨌든 우리는 동물에게도 이중성이 잠재해 있다고 말할 수 있다. 그러므로 우리는 우리가 동물에게 '너'라고 말하는 일을 생각해서, 이 영역을 상호관계의 문턱(die Schwelle der Mutualität)이라고 불러도 좋을 것이다.

그러나 우리와 동물이 함께 가지고 있는 자발성이 결여된 자연계의 여러 영역에서는 사정이 전혀 다르다. 식물에 대한 우리의 개념에는 식물은 우리의 행위에 반응할 수 없다. 즉 '응답'할 수 없다는 생각이 들어 있다. 그러나 이것은 이 영역에서는 우리에게 어떠한 상호성(Reziprozität)도 주어지지 않는다는 뜻이 아니다.

여기서는 물론 개별적 존재의 행위나 몸가짐을 볼 수가 없다. 그러나 존재 자체의 일종의 상호성, 다름 아닌 존재하고 있다는 일종의 상호성이 있다. 나무의 저 생생한 전체성과 통일성은 오직 탐구만 하는 사람의 어떠한 날카로운 눈초리도 거부하며 굳게 닫혀 있지만 '너'라고 부르는 사람의 눈초리에 대해서는 열려 있으며, '너'라고 부르는 사람이 존재할 때, 그때 거기 존재한다. 그는 나무로 하여금 그의 전체성과 통일성을 드러내게 해 주고 이제 존재하고 있는 나무는 그 전체성과 통일성을 드러낸다. 우리의 사고습관은 우리의 태도에 일깨워져 존재자 쪽에서 무엇인가가 우리를 향해 빛을 발하고 있다는 통찰을 방해한다. 문제 삼고 있는 영역에서 우리는 우리 앞에 열리는 현실을 솔직히 받아들일 필요가 있다. 나는 돌멩이에서 별에 이르는 넓은 영역을 문턱 앞의 영역(die Sphäre der Vorschwelle), 곧 상호관계의 문턱 앞에 놓여 있는 사다리의 영역이라고 부르고 있다.

3

그런데 여기서 똑같이 비유적으로 말해 '문턱 위(Überschwelle, superliminare)'의 영역이라고 할 수 있는 영역에 대한 물음이 생긴다. 즉 문 위를 덮고 있는 대들보의 영역, 곧 정신의 영역이다.

여기서도 두 구역 사이에 구별이 이루어지지 않으면 안 된다. 그러나 여기서는 그 구별이 자연계 안에서의 구별보다 더 심각해진다. 즉 정신에 있어서 이미 이 세계에 들어와 우리의 감각을 통해 이 세계 안에서 지각될 수 있는 것과 아직 이 세계에 들어오지는 않았지만 그러나 이 세계에 들어올 준비가 되어 있으며, 그리하여 우리 앞에 마주 있게 될 것과의 사이에 구별이 이루어지는 것이다.

이 같은 구별의 근거는 내가 독자 여러분에게 이미 이 세계에 들어온 정신적 형상(Geistesbild)일 때는 즉시 지적할 수 있어도 다른 것은 지적할 수 없다는 데 있다. 그 정신적 형상이 우리와 함께 살고 있는 이 세계 안에서 자연계의 사물이나 생물과 꼭 마찬가지로 현존(vorhanden)해 있는 것이라면 나는 그것을 여러분에게 현실 또는 가능적으로 접근할 수 있는 어떤 것으로 가리켜 보일 수가 있다——그러나 아직 세계에 들어오지 않은 것은 그렇게 할 수가 없다.

또한 여기서도 이러한 한계지역에 대해서는 도대체 어디서 상호관계가 발견될 수 있겠느냐고 하는 질문을 받아도 나는 다만 사람의 삶에는 결정적인, 그러나 거의 이름붙일 수 없는 사건, 만남으로써 생기는 정신 그 자체에 접한 것 같은 사건이 있다는 것을 간접적으로 암시할 수밖에 없다. 또 마지막으로 간접적인 암시로 불충분하다면, 독자 여러분, 나는 여러분 자신의 ──혹 파묻혀 있을지도 모르지만 그러나 아직도 도달할 수 있는 비밀 증거에 호소할 수밖에 없다.

그러면 이제 저 처음 분야, 곧 '현존하지 않는 것'에로 돌아오자. 여기서는 실례를 들 수가 있다.

질문자는 이미 수천 년 전에 죽은 어느 성현의 전해 내려오는 말씀 가운데 하나를 마음속에 떠올리고, 그 말을 지금부터 할 수 있는 데까지 귀로써, 따라서 그 말이 그 성현에 의하여 자기의 면전에서 말씀되는 것으로, 바로 자기에게 하시는 말씀으로 귀담아 듣고 받아들이려고 한다고 하자. 그렇게 하려면 그는 그의 온 존재를 기울여 그의 앞에 있는 말씀을 하신, 지금은 그의 앞에 없는 화자(話者)에게로 향하지 않으면 안 된다.

즉 그는 그 죽은 사람이면서도 살아 있는 사람에 대하여 내가 '너'라고 말하는 일(Dusagen)이라고 일컫는 태도를 취해야 한다. 만일 그렇게 된다면(그렇게 하기에는 물론 그의 의지와 노력은 충분하지 못하지만, 그러나 계속 시도해 볼 수는 있다), 그는 처음에는 아마 어렴풋이 하나의 음성을 듣게 될 것이고, 그것은 성현의 다른 여러 참된 말씀으로부터 그에게 들려오는 것과 동일한 음성인 것이다. 그는 이제 그 말씀을 하나의 대상으로 삼았을 동안에 할 수 있었던 일을 하나도 할 수 없게 된다. 그는 그 말씀에서 내용이나 리듬을 따로 떼어낼 수 없게 된다. 그는 다만 말씀된 것의 나눌 수 없는 전체를 받아들일 뿐이다.

그러나 이 예는 아직도 하나의 인격, 그때마다 말로써 알려지는 인격과 결부되어 있다. 내가 말하려는 것은 그러나 말 가운데 있는 한 인격적 존재의 지속적 작용에 한정되는 것은 아니다. 그러므로 나는 보충을 위해 인격적인 것이 부착되어 있지 않은 하나의 예를 들지 않으면 안 된다. 나는 여느 때와 마찬가지로 많은 사람들의 강한 추억과 결부되어 있는 하나의 예를 들기로 한다. 그것은 저 도리스식의 원기둥들이다. 이 기둥들은 어디서나 그것들에게로 향할 능력이 있고 또 그럴 마음이 되어 있는 사람에게 나타난다. 그것이 처음으로 나에게 다가온 것은 시라쿠자(Syrakus)에 있는 어떤 교회 벽에서였다. 옛날에 이 기둥들은 그 벽에 둘러싸여 있었다. 눈여겨보거나 감상할 만한 것이라곤 하나도 없을 만큼 소박한 모양을 드러내고 있는 신비한 원표준(原標準), 내가 할 수 있고 해야 했던 일은 이 정신적인 형상, 사람의 감각과 손을 통해 관철되고 몸을 입은 이 존재 앞에 꼼짝도 않고 서 있는 것이었다. 이럴 때, 상호관계라는 개념은 소멸되는 것일까? 아니다. 그것은 다만 어둠속에 도로 잠기거나——하나의 구체적인 사태, 개념성을 냉담하게 거절하면서도 밝고 신뢰할 만한 것으로 변하는 것이다.

여기서부터 우리는 또한 저 하나의 지대, 곧 '현존하지 않는 것'의 지대, '정신적 존재'와의 접촉이 일어나는 지대, 말과 형상이 생겨나는 지대를 바라볼 수가 있다.

말이 된 정신, 형상이 된 정신——정신에 접하고 정신에게 자기 마음을 닫지 않은 사람이라면 누구나 어느 정도는 이 근본적인 사실, 곧 이 같은 일이 씨 뿌리지 않고 사람의 세계에서 싹이 나고 자라는 것이 아님을, 오히려 사람의 세계와 타자(他者)가 만나는 데서 생겨난다는 것을 알고 있다.

그러나 이것은 플라톤적인 이데아(이 같은 것에 대하여 나는 아무런 직접적인 지식을 가지고 있지 않으며 그것을 존재자로서 이해할 수도 없다)와의 만남이 아니다. 그것은 정신과의 만남, 우리를 일부러 넘어뜨리고 우리에게 휘몰아쳐 들어오는 정신과의 만남이다. 나는 또다시 니체의 저 야릇한 고백을 되새기게 된다. 니체는 영감의 앞섬에 대해서 이렇게 썼다. "사람은 받아들인다. 그러나 누가 주는 것인지는 묻지 않는다"고. 어쨌든——사람은 묻지 않는다. 그러나 감사한다.

정신의 미풍을 알고 있는 사람이 만일 정신을 지배하려 하거나 그의 양태를 탐구하려 한다면 그는 잘못을 범하는 것이 된다. 그러나 그가 만남에 의하여 주어진 선물을 자신의 공으로 돌린다면 그것 또한 진실하지 못한 것이 된다.

4

여기서 자연적인 것과의 만남과 정신적인 것과의 만남에 대하여 말해 온 것을 다시 하나로 묶어서 고찰해 보자.

그러면 나는 다음과 같은 질문을 받을지도 모른다——우리는 과연 존재의 여러 계층을 고찰할 때 자발성과 의식을 가지고 있다고 우리가 인정하는 일체의 존재 밖에서 우리에게 주어지는 '대답'이나 '말 건넴'에 대하여 그것을 우리가 살고 있는 이 사람의 세계에서 일어나는 대답이나 말 건넴과 같은 것으로 논할 수 있을 것인가? 여기서 우리가 말하고 있는 것은 일종의 의인화하는 비유보다 다른 방법으로 말하는 것이 타당하지 않을까? 이 경우 합리적인 인식에 의하여 그어져 있고 또 당연히 그어져야 할 경계선을 일종의 미심쩍은 '신비주의'가 지워 버릴 위험은 없는지?

아니다. '나-너-관계'의 명료하고도 단단한 구조는 얽매이지 않는 마음과 '나-너-관계'를 세우려는 용기를 가진 모든 사람들에게는 익히 알려진 사실이며 신비한 성질의 것이 아니다. 이 '나-너-관계'의 구조를 이해하기 위해서 우리는 때로 우리의 사고 습관에서 벗어나지 않으면 안 된다. 그러나 우리는 현실적인 것에 대한 사람의 사고를 규정하는 원규범(原規範, Urnorm)에서 벗어나면 안 된다. 자연계에 있어서와 마찬가지로 정신계에 있어서도—— 즉 말이나 작품 속에 계속 살아가는 정신의 영역과 말이나 작품이 되려고 하는 정신의 영역에 있어서도 —— 우리에게 미쳐오는 작용은 존재자로부터 작용해 오는 것으로 이해되어 좋을 것이다.

5

다음 물음에서 문제가 되는 것은 상호관계의 문턱, 문턱 앞, 문턱 위 같은 것이 아니라 우리 현존재의 문으로서의 상호관계 그 자체다.

그 물음은 이렇다——사람 사이에 있어서 '나-너-관계'의 사정은 어떠한가? 그것은 과연 언제나 완전한 상호관계를 이루고 있는가? 그것은 언제나 그럴 수 있고 또 언제나 그렇게 허용되는 것일까? 그것은 모든 인간적인 것과 마찬가지로 우리의 불완전성에서 오는 제약에 맡겨지고, 그러면서도 또한 우리가 함께 살아가는 삶의 내적 법칙의 제약 아래 있는 것은 아닐까?

이 두 가지 장애 중의 첫째 것은 물론 충분히 의식되어 있다. 여러분을 필요로 하면서도 의아하게 바라보는 여러분의 '이웃'의 눈을 매일같이 들여다보는 여러분 자신의 눈을 비롯하여 번번이 크나큰 선물을 헛되이 사람들에게 내민 저 성자들의 슬픔에 이르기까지——이 모든 것은 여러분에게 완전한 상호관계란 사람의 공동생활 속에 깃들어 있지 않음을 알려 준다. 상호관계는 은총이다. 사람은 은총을 받기 위해 언제나 준비하고 있어야 하지만, 보장된 것으로 틀림없이 획득되는 것은 결코 아니다. 그러나 또한 그 특질을 그대로 지속해야 할 때, 바로 그 특질에 따라서 완전한 상호관계로 발전해서는 안 되는 '나-너-관계'도 많이 있다.

그러한 관계의 하나로서 나는 다른 곳[5]에서 진정한 교육자와 그의 학생과의 관계의 특질을 밝힌 바 있다. 학생의 인품 속에 있는 최선의 가능성을 실현되도록 도와주려면 교사는 학생을 그가 잠재적으로 가지고 있는 것과 현재적으로 드러나 있는 것을 아울러 가지고 있는 특정한 인격으로 여기지 않으면 안 된다. 보다 정확히 말해서 교사는 학생을 여러 가지 특성이나 성향, 억압의 한갓된 총화로 알아서는 안 된다. 교사는 학생을 하나의 전체로서 마음에 두고 그를 이러한 그의 전체성에서 긍정하지 않으면 안 된다. 그러나 교사는 이것을 그가 일종의 양극적인 상황에서 그때마다 학생을 자신의 짝으로서 만날 때에만 이룩할 수 있다. 그리고 학생에 대한 그의 영향이 통일적으로 의미 있는 것이 되려면 그는 이 양극적 상황을 그때마다 단지 자기 자신의 극에서뿐만 아니라 그의 상대편 극에서도 그의 전 요소에 걸쳐서 체험하지 않으면 안 된다. 그는 내가 얼싸안음(Umfassung)이라고 부르는 하나의 실현을 이룩해야만 한다. 이것은 물론 그가 학생 속에서도 '나 – 너 – 관계'를 불러일으키는 일, 따라서 학생 쪽에서도 똑같이 교사를 특정한 인격으로 여기고 긍정하느냐에 달려 있지만, 그러나 만일 학생이 자기편에서도 이러한 얼싸안음을 행한다면, 그리하여 공통의 상황에서 교사의 역할을 학생이 체험한다면, 교육이라는 특수한 관계는 존립할 수 없을 것이다. '나 – 너 – 관계'가 이제 종식되건, 또는 우정이라는 전혀 다른 종류의

---

5) 《교육적인 것에 관하여》, 각주 2) 참조.

성질을 얻게 되건, 어떻든 그 결과 분명해지는 것은 교육이라는 특별한 관계에는 그 자체 완전한 상호성이 허용되지 않는다는 것이다.

상호성의 규범적 제약을 보여주는, 이에 못지않게 계발적인 예는 진정한 정신과 의사와 환자와의 관계다. 만일 정신과 의사가 환자를 '분석하는 일', 곧 하나의 소우주(Mikrokosmos)인 환자의 내부로부터 무의식적인 여러 요인을 드러내고, 이렇게 나타남으로써 변화된 에너지를 어떤 의식적인 삶의 활동에로 향하게 하는 것으로 만족할 때 환자에게는 많은 회복이 이루어질지도 모른다. 그는 잘하면 환자의 산란하고 짜임새 없는 영혼에 어느 정도의 집중력과 질서를 줄 수 있을 것이다. 그러나 이 경우 위축된 인격 중추의 재생이라고 하는 본래 그에게 맡겨진 일을 그는 수행하지 못할 것이다. 이런 일은 실로 의사의 위대한 통찰력으로써 앓고 있는 영혼의 파묻혀 있는 잠재적인 통일성을 파악할 때에만 가능하다. 그리고 이것은 오직 인격 대 인격의 파트너의 자세로 임함으로써만 달성되며, 환자를 하나의 대상으로 관찰하고 조사하는 것으로써는 안 되는 것이다. 저 통일성의 해방과 현재화를 환자의 인격과 세계와의 새로운 일치에 있어서 일관되게 촉진하기 위해서 정신과 의사는 교사와 마찬가지로 단지 양극적인 관계의 자기 편 극에 설 뿐만 아니라 그때마다 상대를 현전화(現前化)하는 힘을 기울여 상대편 극에도 서서 자기 자신의 치료행위가 주는 효과도 알지 않으면 안 된다. 그러나 여기서도 만일 환자가 자기편에서 이러한 얼싸안음을 행하고 일어나는 일을 의사 편 극에서도 체험하려는 생각을 하고, 또 이에 성공한다면 '치료'라고 하는 특수한 관계는 그 순간에 끝나고 말 것이다. 치료도 교육도 상대방과 마주 살면서도 떨어져 살 줄 아는 사람만이 할 수 있는 것이다.

상호성의 규범적 제약에 대한 가장 강한 예는 아마도 성직자에게서 볼 수 있을 것이다. 왜냐하면 여기서는 상대방 쪽에서 얼싸안음이 행해진다면 성직의 종교적 절대권이 침해당하고 말 것이기 때문이다.

한편에서 다른 편에 목적적인 작용이 행해진다는 형태로 특수화되는 관계 안에서 모든 '나-너-관계'는 완전한 것이 될 수 없게 마련인 상호성에 의하여 존립한다.

6

이와 관련해서 하나 더 검토해야만 할 물음이 있다. 왜냐하면 그것은 비길 데 없이 중요한 물음이기 때문이다.

그 물음이란——어떻게 영원한 '너'는 우리와의 관계에서 독점적인 동시에 포괄적일 수 있는가? 신(神)에 대한 사람의 '나-너-관계'는 무조건적이며 그 무엇으로도 빗나감이 없이 신을 향하도록 조건지어져 있는데도 어떻게 다른 모든 '나-너-관계'를 함께 얼싸안고 말하자면 신에게로 가져올 수 있을까? 하는 것이다.

주의할 것은, 여기서 묻는 것은 신이 아니라 신에 대한 우리의
관계일 뿐이다. 그러나 이 물음에 대답하기 위해서 나는 아무래
도 신에 대해 말하지 않으면 안 된다. 왜냐하면 신은 본질적으로
모순을 초월해서 있는 존재이며 따라서 신에 대한 우리의 관계도
본질적으로 모순을 넘어서는 것이기 때문이다. 물론 말할 수 있
는 것은 사람에 대한 관계에 있어 신은 무엇이냐 하는 것뿐이다.
그러나 이것 역시 역설로서 말할 수 있을 뿐이다. 정확히 말해서
그것은 하나의 개념을 역설적으로 사용함으로써, 좀 더 정확히
말하자면 하나의 실체 개념을 그 개념의 잘 알려져 있는 의미내
용과 반대되는 형용사와 역설적으로 결부시킴으로써만 말할 수
있는 것이다. 이러한 모순의 주장은 이 개념에 의하여 그렇게 그
리고 오직 그렇게밖에는 대상의 부득이한 표시가 정당화될 수 없
다고 하는 통찰에 양보하지 않으면 안 된다. 그 개념의 내용은 전
복되고 변화하면서 확대된다──그러나 이 개념에 관해서 우리
에게 일어나는 일은 신앙적 현실에 의하여 강요당해 내재성
(Immanenz)을 끌어내고 초월(Transzendenz)의 작용에다 적용
시키는 것이 된다.

신을 일종의 인격으로서 표현하는 것은 나처럼 '신'이란 말로
써 그 어떤 원리나 이념을 의미하지 않는 사람에게는 불가결한
일이다. 비록 에크하르트 같은 신비가들은 때로 '존재'를 신과 동
일시하였고, 플라톤 같은 철학자들은 때로 신을 하나의 이념으로
서 볼 수 있었지만, 그러나 오히려 나처럼 '신'이란 말로써──

188

비록 그 밖의 어떠한 것이라고 해도──창조하고 계시하고 구원하는 행위에 있어서 우리 사람과의 직접적인 관계에 들어오고, 또 그렇게 함으로써 우리로 하여금 그에 대한 직접적인 관계에 들어갈 수 있게 해주는 이를 의미하는 사람들에게는 신을 일종의 인격으로 표현하지 않을 수 없는 것이다. 우리의 현존재의 근거와 의미가 때때로 오직 인격과 인격 사이에만 존립할 수 있는 상호성을 이룩하는 것이다. 인격성의 개념은 물론 신의 본질을 표명하는 데는 전혀 불가능한 것이지만 그러나 신도 일종의 인격이라고 말하는 것은 허용되어 있고 또 부득이한 일이다. 이 표현으로 이해되어야 할 것을 예외적으로 한 철학자, 곧 스피노자의 말로 번역해 본다면, 나는 신의 무한히 많은 속성 중에서 우리 사람에게 알려져 있는 것은 스피노자가 생각했듯이 두 가지가 아니라 세 가지라고 말해야 할 것이다. 즉 우리가 정신이라고 부르는 것의 근원을 이루는 정신성(Geisthaftigkeit)과 우리가 자연이라고 알고 있는 것 가운데 나타나 있는 자연성(Naturhaftigkeit) 외에 제3의 것으로서 인격성(Personhaftigkeit)이 있는 것이다.

그리고 이것, 이 속성에서 나의 그리고 모든 사람의 인격으로서의 존재는 유래한다. 마치 나와 모든 사람의 정신적 존재와 자연적 존재가 저 정신성과 자연성에서 유래하듯이. 그리고 이 제3의 속성인 인격성의 속성만이 그의 속성으로서의 특질에 있어서 직접 우리에게 인식될 수 있는 것이다.

그러나 이제 인격개념의 너무나도 잘 알려진 의미내용을 내세워 반론이 제기된다. 즉 인격의 독립성은 과연 그 자체로서 존립하는 것이지만 존재 전체로서는 다른 인격의 저마다 독립성에 의해 상대화되는 것이고 그리하여 인격이란 개념이 신에게 타당할 수 없음은 자명하다는 것이다. 이 반론에 대해 신은 절대적 인격, 곧 상대화시킬 수 없는 인격이라는 역설적 표현이 맞선다. 신은 절대적 인격으로서 우리와의 직접적인 관계에 들어선다. 반론은 이러한 보다 높은 인식 앞에 물러가지 않으면 안 된다.

신은——우리는 이제 이렇게 말할 수가 있다——사람에 대한 관계에 들어설 때 그 관계 속에 자신의 절대성을 함께 끌어들인다. 그러므로 신에게로 향하는 사람은 다른 어떤 '나 -너 -관 계'를 떠날 필요가 없다. 어엿이 그는 모든 '나 -너 -관계'를 신에게 가져오며 '신의 면전에서' 빛나게 할 수가 있다.

그러나 신과의 대화, 내가 이 책과 그 후의 거의 모든 책에서 말하지 않으면 안 되었던 그 대화를 단지 일상생활 밖이나 초월한 곳에서만 일어나는 일로 이해하지 않도록 주의해야 한다. 사람에게 건네는 신의 말씀은 우리 모두의 저마다 삶 속에 일어나는 모든 사건, 우리를 둘러싼 세계에서 일어나는 모든 사건, 모든 전기적인 사건, 모든 역사적인 사건을 뚫고 들어오며, 이 모든 것을 여러분과 나를 위한 지시와 요청이 되게 한다. 잇따른 사건, 상황은 신의 인격적 말씀에 의하여 인간적 인격에게 확고히 섬과 결단을 명령할 수 있는 자격과 능력을 부여받고 있는 것이다. 우리는 너무나도 자주 아무 소리도 들리지 않는다고 생각한다. 그러나 우리는 이미 오래 전에 우리의 귀를 귀마개로 틀어막고 있는 것이다.

신과 사람 사이에 있는 상호성은 증명할 수가 없다. 그것은 마치 신 자체의 존재를 증명할 수 없는 것과 같다. 그러나 그럼에도 감히 이 상호성에 관하여 말하는 자는 증언을 하고 있는 것이며, 그가 말을 건네고 있는 사람에게도, 그것이 현재의 증언이건, 미래의 증언이건, 증언하도록 부르고 있는 것이다.

1957년 10월
예루살렘에서
마르틴 부버

연보

1878년 2월 8일. 오스트리아 빈에서 출생. 부친은 칼 부버(Karl
　　　　 Buber), 모친은 엘리제(Elise).

1881년 부친의 이혼으로 폴란드령 갈리치아(Galicia) 지방의 렘베
　　　　 르크(소비에트 우크라이나령, 리보프)의 학자이며, 하스칼라
　　　　 (Haskalah) 운동의 지도자였던 조부 살로몬 부버(Salomon
　　　　 Buber)와 조모 아델레(Adele)의 슬하에서 자랐다.

1888년 렘베르크의 프란츠 요제프스 김나지움(Franz Josephs
　　　　 Gymnasium)에 입학.

1892년 재혼하여 빈에서 렘베르크로 와 있던 부친에게 돌아와 폴란
　　　　 드계 문법학교에 입학, 초·중등 과정을 마쳤다. 이 시기에
　　　　 칸트와 니체의 영향을 강하게 받았다.《차라투스트라는 이
　　　　 렇게 말하였다》의 1부를 폴란드어로 번역했다.

1896년 빈 대학에서 가을 학기부터 다음해 여름 학기까지 문학, 철
　　　　 학, 예술사 연구. 테오도르 헤르츨(Theodor Herzl,
　　　　 1860~1904)의《유대 국가(Der Judenstaat)》발간.

1897년 라이프치히 대학 겨울 학기 수업. 제1회 시온주의자
　　　　 (Zionist) 대회에 참석.

1898년 베를린 대학 여름 학기 수업.

1899년 스위스 취리히 대학 여름 학기 수업. 이때 가톨릭 신자인 뮌

헨 출신 독일 여성 파울라 빙클러(Paula Winkler, 1878~1958)와 만나 결혼. 파울라는 유대교로 개종하고 필명 게오르크 뭉크(Georg Munk)로 작품 활동을 하였다.

1900년 라이프치히 대학에서 겨울 학기 수업. 다시 베를린 대학에서 여름 학기 수업. 벨헬름 딜타이(Wilhelm Dilthey), 게오르크 짐멜(Georg Simmel) 교수에게 크게 영향을 받았다.

1901년 시온주의(Zionism) 운동 기관지 《세계(Die Welt)》 편집.

1902년 제6회 시온주의자 대회를 고비로 테오도르 헤르츨과의 의견 차이로 사임.

1903년 베를린으로 이주. 파이벨(Feiwel), 릴리엔(Lilien), 트리치(Trietsch)와 '유대출판사' 창설. 출판물을 통해 중앙 유럽에 유대 민족주의 운동을 크게 일으키는 진원이 되었다.

1904년 빈 대학에서 〈개체화 문제의 역사적 계보(Beiträge zur Geschichte des Individuationsproblems)〉로 철학박사 학위를 받았다.

1907년 시온주의 운동의 일선에서 물러나 하시디즘(Hasidism, Chassidismus) 연구에 몰두──신비주의의 시대.

1913년 《다니엘(Daniel)》 출판.

1916년 1924년까지 《유대인(Der Jude)》 편집. 《유대교의 정신에 관하여(Vom Geist des Judentums)》 출판.

1923년 《나와 너(Ich und Du)》 출판. 신비주의 시대 극복. 1930년까지 프랑크푸르트대학 유대교 철학, 윤리학 및 종교사 교수.

1925년 1920년 이래 프랑크푸르트의 자유 유대인 학원(Freies
Judische Lehrhaus)의 지도자였던 프란츠 로젠츠바이크
(Franz Rosenzweig, 1886~1929)와 사귀며 문서 운동과
교육 운동에 정진. 특히 이 기간에 그와 더불어 시작한 히브
리어 구약성서의 현대 독일어 번역은 그 중에서도 가장 훌
륭한 업적이다(1929년 로젠츠바이크 사망시까지 《열왕기》
를 포함한 9권의 번역이 출판되었으며, 한때 중단되었다가
후년에 부버 단독으로 완간). 로젠츠바이크의 영향 아래 실
존주의에 접근하면서 키르케고르를 알게 되었다.

1926년 요제프 비티히(Joseph Wittig), 빅토르 폰 바이체커(Viktor
von Weiszäker)와 계간지 《피조물(Die Kreatur)》 발간.

1931년 《종교와 철학(Religion und Philosophie)》 출판.

1932년 《대화(Zwiesprache)》 출판.

1933년 《이스라엘을 둘러싼 싸움(Kampf um Israel)》 출판. 나치스
정권에 의하여 대학 교수직 박탈당함. 이 무렵부터 1938년
까지 독일 베르크쉬트라세(Bergstraße)에 있는 헤펜하임
(Heppenheim)에 머물면서 독일에 남아 있는 유대인들을
위로하고 용기를 주는 일에 진력했다.

1936년 《단독자에 관한 물음(Die Frage nach den Einzelnen)》 출판.

1938년 팔레스티나로 이주. 1951년까지 예루살렘에 있는 히브리 대
학 사회학 교수.

1947년 《대화의 삶(Dialogisches Leben)》 출판.

1948년 《인간의 문제(Das Problem des Menschen)》 출판.

1949년 예루살렘 성인교육원 설립. 《고그와 마고그(Gog und Magog)》 출판.

1950년 《신앙의 두 유형(Zwei Glaubensweisen)》, 《유토피아로 가는 오솔길(Pfade in Utopia)》 출판.

1951년 정년으로 히브리 대학을 은퇴한 후 예루살렘 성인교육원(팔레스타나에 이주해 오는 새 식구들을 지도하기 위하여 1949년에 부버 자신이 설립했다) 원장이 됨(1965년까지). 미국으로 강연 여행. 《원(原) 간격과 관계(Urdistanz und Beziehung)》 출판.

1952년 《선과 악의 모습(Bilder von Gut und Böse)》, 《모세(Moses)》, 《하시디즘의 메시지(Die Chassidische Botschaft)》 출판.

1953년 《하나님의 숨으심(Gottesfinsternis, Betracht, Beziehung zwischen Religion und Philosophie)》, 《교육강연집(Reden über Erziehung)》 출판.

1954년 《대화의 원리(Die Schrifte nüber das Dialogische Prinzip mit einem Nachschrift)》 출판.

1956년 유럽 여행.

1957년 미국 '정신치료학회' 초청으로 미국 강연 여행.

1958년 부인 파울라 여사 베네치아에서 사망.

1965년 6월 13일 예루살렘에서 87세로 사망.

부버와 《나와 너》에 대하여

이 책은 마르틴 부버의 《나와 너(Ich und Du)》(1923)를 우리 말로 옮긴 것이다. 이미 현대의 고전으로서 너무나도 유명해진 이 책과 그 저자에 대해 어떤 해설을 붙인다는 것은 부질없는 일일 것이다. 그러나 이 책은 세부적으로 꽤 어려운 데가 있고 또 곧잘 오해되기도 해서 이 책을 처음 대하는 이들에게는 약간의 예비 지식이 필요할 것 같아 초보적인 해설을 달기로 했다. 이 저서와 저자를 이해하는 데 얼마라도 보탬이 되기를 바란다.

마르틴 부버(Martin Buber)는 유대인으로 1878년 2월 8일 오스트리아 빈에서 태어났다. 그러나 세 살 때 부모의 이혼으로 어린 시절을 렘베르크(Lemberg)에 있는 조부모 슬하에서 자라게 되었다. 그의 조부 살로몬 부버(Salomon Buber)는 이름 높은 학자로 실업과 농업에 종사하는 한편, 갈리치아(Galicia) 지방 유대교 계몽운동이던 하스칼라(Haskalah) 최후의 지도자 가운데 한 사람이기도 했다. 렘베르크는 옛 폴란드령으로[지금은 소

196

비에트 우크라이나령이며 리보프(L'vov)라고 불린다] 그 당시 동유럽에 살고 있던 유대인의 학문적 중심지였다. 따라서 부버는 학문 연구에 더없이 적합한 환경에서 자라났으며, 히브리어와 유대교에, 그리고 유대 민족의 구비전설에도 정통하게 되었다. 그러나 무엇보다도 어린 시절의 부버에게 잊을 수 없는 감동적인 인상을 준 것은 어느 해 여름의 처음 얼마 동안을 하시디즘(Hasidism)[1]의 신봉자들(Hasidim)과 함께 보낸 생활의 체험이었다. 이때 그는 유대의 계몽 정신인 하스칼라와 본래적 유대교 전통과의 조화로운 결합을 사상으로서가 아니라 모습과 감정으로서 체험하게 되었으며, 그의 생애의 영원한 터전을 마련했다.

---

1) 하시디즘(Hasidism, Chassidismus)의 원어 하시딤(Hasidim)은 기원적 2세기 경에 안티오쿠스 4세의 헬레네화(化) 운동에 반항한 엄격한 팔레스티나의 유대인 무리를 가리키는 말이었다. 그 후 이 말은 중세 초기에 들어서면서 하나님 앞에 경건하게 사는 사람들을 가리키게 되었으며, 다시 13세기에 와서 유다(Judah)라는 신비가가 《하시딤의 책》을 저술하여 이 말의 내용에 신비주의적인 성격을 주었다.
그러나 하시딤 아닌 하시디즘이란 말이 생긴 것은 17세기에 성자 유디(Yehudi)가 나타난 다음부터다. 이 성자는 차임 말라기(Chaim Malachi)와 힘을 합쳐 기도를 주로 하는 신비적 경향을 띤 부흥 운동을 일으켜 유대교의 일파를 형성, 1천 5백 명의 신도를 이끌고 1720년에 예루살렘을 순회하여 그 곳에 성당을 세웠다. 이것은 그 후 아랍 사람들이 파괴하였지만 지금도 그 유적이 남아 있다. 이 하시디즘은 18세기에 이르러 바알 셈 토프(Baal Shem-Tov, 약 1700~1760)에 의하여 이론화되었으며, 이것이 폴란드와 우크라이나로부터 동유럽의 유대인 사이에 급속히 퍼져나가 오늘에 이르고 있다. 이것이 좁은 의미의 하시디즘이며, 그 특색은 현세, 곧 나날의 삶에서 하나님을 향하며 그의 영광(Shechinah)에 참여하는 즐거운 예배를 강조하는 신비적 · 민주적 · 대중적인 점에 있다.

1892년 열네 살이 된 부버는 부친의 재혼으로 다시 부친과 함께 살게 되었으며, 렘베르크에 있는 폴란드계 문법학교에 다녔다. 이 무렵 그는 "어떤 알 수 없는 요청에 사로잡혀 있었다. 그는 공간의 한계 또는 무한계성, 처음과 끝이 없는 시간, 또는 처음도 끝도 없는 시간을 상상해 보려고 수없이 시도해 보았으나 그 어느 것도 불가능했으며 절망적이었다. 그러면서도 그는 한쪽의 부조리가 아니면 다른 한쪽의 부조리라도 택할 수밖에 없다고 생각했었다"(《인간의 문제》). 이 무렵 그는 칸트(I. Kant)의 《모든 장래의 형이상학을 위한 프롤레고메나》를 읽었고, 공간과 시간이 "인간 감성의 형식적인 제약에 지나지 않는다는 것", 그것은 "물자체(物自體, Ding an sich)에 관계되는 현실적 상태가 아니며", "인간의 감성적 직관의 한갓된 형식"이라는 것을 알게 되었다. 이러한 칸트의 철학에서 부버는 마음의 평안을 얻었으며, 시간에서 궁극적인 것을 찾아내려는 물음, 곧 묻지 않을 수 없는 강제로부터 해방되었다. 이때 칸트가 그에게 준 그 선물은 철학적 자유였다(《자전적 단편》).

그러나 그는 약 2년 후에 니체의 《차라투스트라는 이렇게 말하였다(Also sprach Zarathustra)》를 읽으면서 모처럼 칸트에게서 얻었던 자유를 송두리째 강탈당한 것을 느꼈다. "칸트는 시간의 존재에 대하여 우리에게 제시되어 있는 어려운 문제를 풀려고 하지 않았다. 그는 그것을 우리 자신의 인간 형식에 두는 의존 관계의 문제로 삼음으로써 그 수수께끼에 철학적 제약을 주었다.

철학적 제약을 문제 삼지 않았던 니체는 시간의 근원적인 시비 가운데 하나, 곧 일체의 생기(生起)의 일회성이라고 하는 신비 대신에 '같은 것의 영원한 되돌아옴'이라고 하는 겉보기의 신비 를 내세웠다."(《자전적 단편》).

부버는 이 개념을 받아들이지 않았으며 또 받아들일 수도 없었다. 그러나 17세의 젊은 그의 정신에는 부정적인 유혹이 일어났다. 그는 오랫동안 니체의 이 영원한 되돌아옴의 사상에 사로잡혔고, 한때 폴란드어로 이 책의 1부를 번역해 나가기도 했다.

1896년 부버는 빈 대학에 입학했다. 당시 신낭만주의가 꽃을 피우고 있던 빈에서 그의 첫 대학 생활은 문학, 예술사, 철학의 강의를 듣는 것으로 시작되었다. 그는 요들(Jodl), 뮐러(Müller)에게서 철학을, 빅호프(Wickhoff), 리글(Riegl)에게서 예술사 강의를 들었다. 후에 그는 이 네 사람의 교수에게서 학위를 받게 되지만, 그 당시에는 그들에게서 그렇게 큰 영향을 받지는 못했다. 그러나 그는 자유로운 정신의 세계에서 자유를 만끽하며 낭만을 즐길 수 있었다.

이 무렵 그는 한때 그의 유대교 뿌리에서 떠나는 듯싶었으나, 오래 가지는 않았다. 라이프치히, 베를린, 취리히, 다시 라이프치히, 베를린, 빈으로 학교를 옮기면서 낭만과 자유의 물결을 헤치고 지나는 동안에 그의 유대교적인 전통은 점점 그의 안에 뿌리를 내리고 공고하게 되었다. 그러면서도 부버는 1899년 취리히 대학 여름 학기의 독일 문학 세미나에서 만난 뮌헨 출신의 경건한 가톨릭 신자인 독일인 여학생 파울라 빙클러(Paula Winkler, 1878~1958)와 결혼했다. 물론 파울라는 유대교로 개종하였다.

이 시절에 부버에게 크게 영향을 끼친 사람은 베를린 대학의 빌헬름 딜타이(W. Dilthey)와 게오르크 짐멜(G. Simmel) 두 교수였다. 부버는 1904년에 빈 대학에서 〈개체화 문제의 역사적 계보(Beiträge zur Geschichte des Individuationsproblems)〉라는 논문으로 철학박사 학위를 받았다.

한편 부버는 그동안에 열렬한 시온주의자(Zionist)가 되어 있었으며, 부지런히 정치평론을 발표하곤 했다. 그리하여 그는 1901년 빈에서 발간되는 시온주의 운동의 기관지인 《세계(Die Welt)》의 편집자가 되었다. 그러나 그 다음해인 1902년에 제6회 시온주의자 대회를 계기로 정치적 시온주의 운동의 지도자였던 테오도르 헤르츨(Theodor Herzl, 1860~1904)과의 의견 차이가 두드러지게 드러나자 그 자리를 사임하고 베를린으로 갔다.

여기서 참고삼아 시온주의(Zionism)의 배경과 입장을 간단히 살피고 지나가는 것이 좋을 것 같다.

오랜 중세를 통하여 고국을 가질 수 없었던 유대인들은 유럽 각지에 흩어져, 종교와 인종 따위의 편견으로 다른 유럽인들로부터 소외당하고 가난 속에서 살아 왔다.

근대 시민 사회가 출현한 후에도 19세기 말까지 그들에게는 평등한 시민권이 주어지지 않았다. 그리하여 당연히 유대인의 해방과 단결을 부르짖고 그들만으로 이루어지는 새로운 국가를 이룩하려는 이상과 노력이 그들 가운데 일어났다. 그러나 여기에 그 당시의 유럽 생활권이 그대로 반영되어 서구 유대인과 동구 유대인의 생활체험 및 사고방식의 차이가 나타나고 예기치 않았던 문제를 일으키게 되었다. 즉 서구 유대인은 도시에 사는 시민으로서 정치 · 사회생활에 눈떴으며 근대적 시민생활에 젖어 있었다. 따라서 유대인이 처해 있는 괴로운 지위를 이와 같은 관점에서 유대인의 단결에 의하여 정치적으로 해결하려고 했다. 이에 반하여, 일찍부터 유대인 거류지를 형성하고 열렬한 종교 생활(하시디즘, 곧 신비적 경건주의)과 거기에 바탕을 둔 독특한 유대인 문화에 의하여 집단적으로 민족적, 내적 통일을 굳게 지켜온 동구 유대인에게는, 이 동일한 이상도 그때까지 지켜온 종교적 · 문화적 공동생활의 연장으로 생각되었던 것이다. 게다가 근대적 국민국가 사조가 높아감에 따라서 어느 편의 유대인에게도 똑같이 조국에 대한 문제가 관심의 초점이 되었다. 이를테면 독일에서 태어나 독일에서 교육을 받았으며 독일 사람과 똑같이 독일 사회의 건설에 이바지했으며, 또는 대학에서 독일의 학문 발전에 공헌해 온 유대계 독일 사람에게 있어서 현실의 조국을 버리고 가공의 이스라엘을 새로운 조국으로 삼는다는 것은 단순한 일이 아니었다. 지금까지 살고 있는 국가가 설사 그들을 차별하고 적대한다 하더라도 그것과의 유대는 그들의 몸속에 깃들어 있는 이중의 조국으로서 쉽사리 분리될 성질의 것이 아니었다(이 비극은 나치스에 의한 유대인 집단 학살을 겪고서야 비로소 새 이스라엘 국가의 건설로써 일단 종결되었다). 드레퓌스 사건 같은 일련의 사건에 촉발되어 흩어져 가는 유대인의 단결을 목표로 시온주의 운동을 일으키고 《유대국가》(1896)를 발표한 헤르츨은 서부와 동부 유대인의 종합을 꾀한 것이었지만, 서부의 자유 유대인이었던 그의 입장은 어디까지나 정치적인 유대국가의 건설이며, '시온(예루살렘)으로 돌아가려는 경건한 종교적 조국 복귀 운동과는 극히 거리가 먼 것이었다. 사실 그는 새 유대국가의 건설을 정치적으로 곤란한 팔레스티나가 아니라 문제가 별로 없는 동아프리카의 빅토리아 호반의 우간다로 잡고 있었다.

바젤에서 열어 오던 시온주의자 대회에 1회 때부터 라이프치히 대학의 학생 자격으로 참가했던 부버는 이러한 헤르츨에 많은 공감을 느꼈으나 그와는 이질적인 동부 유대인의 심정을 대표하고 또한 이 운동에 온몸과 정열을 기울여 온 청년들 가운데 하나였다. 이들 심정적·정신적·문화적 시온주의 운동에 정열을 기울여 온 청년층의 중심은 바이츠만(Weizmann, 후일 히브리 대학의 창설자) 등과 그의 대변인격인 부버였던 바, 제5회 대회 때부터 이 두 파의 운동의 본질에 관한 의견 차이가 두드러지게 나타나 마침내 분열하고 말았던 것이다. 그리고 부버 자신은 헤르츨의 죽음과 더불어 이 운동에서 손을 떼고 출판 등의 문화운동을 전개하였다.

202

거기서 그는 친구들과 함께 '유대출판사'를 창설하고 출판물을 통하여 유대인의 문화, 정신을 심화하고 새롭게 해석하려고 시도했다. 그리하여 한스 콘(Hans Kohn)의 말대로 유럽 한가운데에 유대 민족주의 운동을 크게 일으키는 진원(震源)을 이루어 나갔다. 그러나 그는 1904년에 이 일에서도 손을 떼고 1909년까지 5년간을 오직 하시디즘의 원전과 전통을 연구하는 데에만 몰두했다. 그리고 그는 거기서 "완전한 인간의 이상을 찾았으며, 또한 동시에 자기가 그것을 세상에 알리기 위해 부름받았음을 알게 되었다."(《나의 하시디즘에로의 길》).

부버는 이미 1900년대 초기에 마이스터 에크하르크(Meister Eckhart)를 비롯한 독일 신비주의 사상가들로부터 깊은 영향을 받고 있었지만, 이제 다시 하시디즘 연구를 통하여 터득한 유대교의 가장 본질적인 경건의 체험은 이후의 그의 사상 형성과 생애를 결정하는 결정적인 요인이 되었다. 그리고 하시디즘의 해석자로서 부버의 공적 가운데 하나는 이 같은 유대교의 신비적인 유산을 오늘에 살리며 그럼으로써 현대의 혼미에 밝은 영적 광명을 던져 준 것이라고 할 수 있다.

1909년에 프라하 대학의 바르코츠바(Barkochba) 유대인 학생회에서 행한 유대주의에 관한 강연을 시발점으로 부버는 그의 공적 생활을 시작했다. 이 강연회에 참석했던 학생들 가운데는 프란츠 카프카도 있었다.

1916년 부버는 《유대인(Der Jude)》을 창간하고 1924년까지

편집과 주필을 맡아 보았다. 이 잡지는 독일어계 유대인의 지도적 기관지로서 매우 큰 힘을 발휘하였다.

1926년부터 1930년까지 그는 가톨릭 신학자인 요제프 비티히(Joseph Wittig)와 프로테스탄트의 정신치료 학자인 빅토르 폰 바이체커(Viktor von Weizsäcker)와 함께 《피조물》을 발간하고 주로 사회 문제와 교육 문제를 종교와의 관련에서 다루었다.

그러나 부버의 생애에서 가장 결정적인 인격적 만남은 1920년대 초기에 일어난 프란츠 로젠츠바이크(Franz Rosenzweig, 1886~1929)와의 사귐이었다. 그는 1920년부터 프랑크푸르트에 있는 자유 유대인 학원의 지도자로 있던 주목할 만한 사상가로서, 1921년에 출판된 그의 저서 《구원의 별(Der Stern der Erlösung)》은 오늘날의 이른바 실존철학의 선구를 이루는 명저였다. 부버는 그와 함께 문서 운동과 교육 운동에 힘썼으며, 이 일은 독일어계 유대인들 사이에 잊을 수 없는 감명을 주었다. 그 중에서도 가장 중요한 업적은 이 두 사람의 합작으로 된 히브리어 구약성서를 현대 독일어로 번역한 일인데, 이것은 그 히브리어의 격조를 본딴 점, 원전에 충실한 점, 번역이 아름다운 점으로 보아 영원한 가치를 지닌 것으로 높이 평가되고 있다.

그의 불후의 명저 《나와 너(Ich und Du)》를 출판한 1923년에 부버는 프랑크푸르트 대학 교수로 초빙받아 1933년까지 유대교 철학과 윤리학을, 그리고 뒤에는 종교사를 강의하였다. 당시 그 자리는 독일뿐만 아니라 외국의 어떤 대학에서도 찾아볼 수 없는 독특한 자리였다. 그러나 1934년 나치스 정부에 의하여 그 자리를 박탈당했다. 그때부터 1938년까지 그는 독일 베르크쉬트라세에 있는 작은 마을 헤펜하임에 머물면서 독일에 남아 있는 유대인들을 위로하고 용기를 북돋워 주는 일에 진력했다.

1938년 만 60세가 된 그는 마침내 팔레스티나에 정주하면서 예루살렘의 히브리 대학 사회학 교수가 되었다. 그러나 여기서도 그의 학문적 활동은 순탄하지 않았다. 그의 종교적 · 문화적 시온주의는 시온주의 운동을 하는 정치가들의 눈살을 찌푸리게 하기에 충분한 것이었기 때문이다. 그리하여 그는 여기 팔레스티나에서도 당시의 지배적인 이데올로기와 정면으로 충돌하지 않을 수 없었다. 그는 마그네스(Judah L. Magnes), 시몬(Ernst Simon) 등과 손을 잡고 '유대 ―아랍 연방' 수립을 통한 두 민족의 공존을 주장하는 운동을 일으켰다. 이 운동으로 해서 전통적인 완고한 시온주의 외에도 새로운 시온주의가 있음이 널리 세계에 알려지게 되었다.

1951년 부버는 73세의 고령으로 히브리 대학을 정년 퇴직하고 미국의 저명한 대학과 신학교의 초청을 받아 강연 여행을 하였다. 그후 그는 자신이 1949년에 설립한 예루살렘 성인교육원에서 원장으로 활동하였다. 1957~1958년에 미국 '정신치료학회' 초청으로 재차 미국을 방문하고 여러 곳에서 중요한 강연을 하고 돌아왔다. 이 해에 부인 파울라 여사가 베네치아에서 세상을 떠났다.

1965년 6월 13일 그는 87세를 일기로 예루살렘에서 "만물 속에서 신을 볼 수 있고, 모든 순수한 행동에 의하여 신에게 이를 수 있다"(《하시디즘에로의 나의 길》)고 한 하시디즘의 가르침과 신앙으로 살아간 영광에 그의 위대한 '대화의 삶'을 마쳤다.

오늘날 사람들은 '깨어진 세계'(마르셀)에서 "찢기고 또 자기도 찢으면서, 해체되고 또 자기도 그 해체 작업에 한몫 거들면서 분열되고 또 자기도 분열을 추진하면서"(피카드) 살아가고 있다.

실로 우리들 현대인은 기계·기술문명의 경이적인 진전과 그에 따르는 대중 사회적 상황, 수평화의 진행 속에서 아무런 내적 연관도 없이 살아가며, 스스로 사람으로서의 가치와 존엄을 송두리째 잃어 가는 '인간 소외', '원자화(化)'의 심각한 위기에 직면하고 있다. 이러한 위기적 상황을 부버는 '아르바이트 배후로의 인간의 낙오'라고 말한다. 이것은 인간이 자기 자신의 손으로 만들어 낸 세계를 이제는 더 지배할 수 없게 되었다는 사실을 뜻한다.

그러나 부버는 예언자다운 형안으로 고도의 기술 혁신에 의한 기계화가 인간의 비인간화, 자기 상실을 가져오는 것이 아님을 꿰뚫어보았다. 위기의 핵심은 오히려 이러한 현대를 살아가는 인간이 그의 이른바 근원어 '나-그것'의 지배 아래 스스로를 매몰해 버리는 데 있으며, 이미 사람이 근원어 '나-너'를 말하는 기쁨을 잃어버린 데 있다는 것이다.

그리하여 부버는 깨어진 세계, 인간의 자기 상실, 원자화를 인간과 인간 사이의 관계가 깨어진 데서 온 것으로 보고 이를 결코 객체화될 수 없는 주체이며 인격으로서 공존하는 '나'와 '너'의 만남, 곧 '나'와 '너'의 대화를 통하여 회복하려고 하였다.

부버는 그의 저서 《인간이란 무엇인가》에서 그의 사상 편력을 이렇게 말한 일이 있다. "나는 절대자에 대한 여러 가지 확실한 설명을 갖춘 '체계'의 평원에서 휴식한 적이 없다. 아니, 내가 가는 앞길은 언제나 좌우에 깊은 골짜기가 내려다보이는 좁디좁은 바위등성이뿐이었다. 이와 같은 등성이에 있는 자는 절대자에 대한 확실한 설명을 하지 못한다. 아니, 이 등성이에서 확실한 것은 다만 아직까지 아무에게도 드러나지 않은 그 무엇과 만난다는 것뿐이다." 여기서 우리는 그의 사상의 바탕을 이루는 것이 바로 '만남(Begegnung, meeting)'이라는 것을 짐작할 수 있으며, 사람들이 그를 가리켜 '만남'의 철학자, '관계'의 철학자, '대화'의 철학자라고 하는 까닭을 이해하게 된다.

그러나 이와 같은 그의 '나와 너'의 만남의 사상이 결실되기까지에는 초기의 신비주의(1900년 전후)에서 중기의 실존주의(1913년 전후)를 거치는 20여 년의 긴 사상의 편력이 있어야 했다. 그리고 1923년 이후의 그의 후기 사상을 이끄는 《나와 너》의 집필에만도 그는 6년(1916년에서 1922년에 걸친)의 시간을 필요로 했다.

이러한 만남의 사상이 처음으로 집약적으로 다루어진 《나와 너》는 그 이전의 부버 사상의 종합이요 집약적인 완성인 동시에 그 이후의 그의 삶과 사색의 핵심이 되는 것, 또는 그 기반이 되는 것을 결정해 준 것으로 그의 모든 저작 중에서도 특별한 의의를 지닌다. 그러나 이렇게 그가 심혈을 기울여 쓴 *Ich und Du*는 그 부피로 보아 1백여 페이지밖에 안 되는 작은 책이다. 하지만 이것은 그 작은 부피에 비해서 엄청난 영향을 유럽 대륙에 미쳤으며 영역자 R. C. 스미스의 말처럼 그것은 분명히 우리 시대의 획기적인 책들 가운데 하나인 것이다. 이 책이 출판된 이래 유럽의 중요한 종교 철학자와 사상가, 교육학자의 상당수가, 이를테면 E. 프롬, N. 베르쟈예프, G. 마르셀, K. 만하임, O. F. 볼노브, D. S. 베일리, R. 니버 같은 이들이 모두 이 책에서 깊은 영감을 받고 있기 때문이다.

이처럼 깊은 사상과 생명력을 간직한 이 책은 그러나 세부적으로는 매우 어려운 데가 있고, 그 표현 또한 사상서로서는 파격적인 것이다. 얼핏 보아 수학의 정리를 방불케 하는 문장으로 시작되면서 단도직입적으로 문제의 핵심에 독자를 끌어넣는 처음 부분이라든지, 도처에 불쑥 나타나는 문답, 산문시와도 같이 아름다운 형상적 표현, 짧은 신화적인 삽화만으로 된 마디, 어떤 부분에서는 극도로 간결한, 그러나 어떤 부분에서는 포개고 포개면서 끝없이 이어지는 문장에 독자는 어리둥절하면서도 한없는 매력을 느끼게 된다. 그리고 부버의 사상, 아니 그의 인격의 강한 현존성에 접하고 크나큰 감동에 젖게 된다.

《나와 너》의 전편을 지배하며 흐르는 울림은 '처음에 관계가 있다(Im Anfang ist die Beziehung)'고 하는 명제로 된 주조음이다. 이것은 "인간 존재의 근본적인 사실은 인간과 함께하는 인간이다"(《인간이란 무엇인가》)라고 하는 인간성의 근본 형식을 명제화한 것이라고 할 수 있다. 이 관계는 두 개의 근원어(Grundwort) '나-너(Ich-Du)'의 관계와 '나-그것(Ich-Es)'의 관계로서만 규정될 수 있는 것이다.

이 두 개의 근원어를 떠나서 있는 존재는 하나도 없으며, 이 근원어가 말해짐으로써만 존재는 세워지는 것이다. 사람의 '나'는 '나'만으로서는 존재하지 못한다. 우리가 '나'라고 말할 때 그것은 '나-너'의 '나'이거나 '나-그것'의 '나'이거나이며, 이 밖의 '나'란 있을 수 없다. 그러면 이 두 가지 근원어의 근본적인 차이는 어디에 있는 것일까? '나-너'는 내가 '나'의 온 존재(Wesen)를 기울여서만 비로소 말할 수 있는 데 반해, '나-그것'은 '나'의 온 존재를 기울여 말할 수 없다는 것이다. '나-그것'의 관계(Verhältnis)는 인간의 객체적인 경험——지식 세계의 것이요, '나-너'의 관계(Beziehung)는 인간의 주체적인 체험——인격 세계의 것이라고 할 수 있다.

"사람들은 세계를 경험한다고 말한다. 그것은 무슨 뜻일까? 사람은 사물의 표면을 돌아다니면서(befährt) 그것을 경험한다(erfährt). 그는 이 사물들로부터 그것들의 성질에 관한 지식, 곧 경험을 가져온다. 그는 사물에 붙어 있는 것을 경험하는 것이다.

그러나 경험만으로는 세계를 사람에게 가져다 줄 수 없다. 왜냐하면 경험은 사람에게 오직 '그것'과 '그것'으로 이루어진, 즉 '그'와 '그', '그 여자'와 '그 여자', 그리고 '그것'으로 이루어진 세계를 가져다 줄 뿐이기 때문이다."

그러나 '나-너'의 근원어로 맺어지는 관계는 '나'의 온 존재를 기울인 행위이며, 그것은 부버 근본 사상의 제2 명제라고 할 '모든 참된 삶은 만남이다(Alles wirkliche Leben ist Begegnung)"라고 하는 인간의 실존의 본질 규정을 열어 준다.

부버는 이렇게 말하고 있다. "근원어 '나-너'는 오직 온 존재를 기울여서만 말해질 수 있다. 온 존재에로 모아지고 녹아지는 것은 결코 나의 힘으로 되는 것이 아니다. 그러나 '나' 없이는 결코 이루어질 수 없다. '나'는 '너'로 인하여 '나'가 된다. '나'가 되면서 '나'는 '너'라고 말한다. 모든 참된 삶은 만남이다." 부버의 이러한 사상을 사람들은 '만남과 대화의 철학'이라고 하는 것이다.

부버에 의하면 이 '나-너'의 관계는 우리가 맺는 타자와의 관계 중에서 가장 긴밀한 인격적인 것이다. '나'와 '너' 사이의 긴밀한 상호 인격 관계에서 우리는 인격으로서의 자신을 깨달을 뿐만 아니라 또한 다른 사람을 하나의 인격으로서 만나게 되는 것이다. '나-너'의 '나'와 '나-그것'의 '나'는 같은 말이면서도 전혀 다른 '나'라고 하면서 부버는 우리의 인격 의식의 나타남을 다음과 같이 말하고 있다.

210

"근원어 '나-너'의 '나'는 인격으로 나타나서(소유격이 없는) 주체성(Subjektivität)으로서의 자기를 의식한다. 인격은 다른 인격들과 관계를 맺음으로써 나타난다."

그러나 '나-그것'의 관계에서는 다른 사람은 '그것', 즉 비인 격적 존재로 나타나게 되며 결국 나의 수단으로 이용될 뿐이다.

"근원어 '나-그것'의 '나'의 독자적 존재(Eigenwesen)로 나 타나서(사물을 경험하고 이용하는) 주관(Subjekt)으로서의 자기 를 의식한다. 독자적 존재는 자기를 다른 독자적 존재와 분리함 으로써 나타난다."

오늘날 문제되고 있는 인간성의 상실이란 실상 인격이어야 할, 그리고 인격과 인격의 사귐 가운데 있어야 할 인간의 삶이 이 와 같이 비인격화되어 '그것'으로 전락되었음을 말하는 것이 아 니겠는가?

그러나 우리는 그가 결코 '나-그것'과 '나-너'의 양자택일을 요구하고 있는 것이 아니라는 사실을 간과해서는 안 된다. 왜냐 하면 '나-그것'의 관계는 다른 사람을 하나의 사물과 같이 다루 어 자기의 수단으로 삼거나, 사람과 사람 사이의 문제를 조건과 조건, 사물과 사물 사이의 문제 같은 것으로 만들어 버리는 낮은 차원에서부터 과학적 관찰, 지식의 획득, 종교적 교리의 설정이 나 철학적 인식 따위에 이르는 극히 다양한 태도를 내포하고 있 는 것이어서, 우리는 어떤 종류의 '나-그것'이 가지는 생활상의, 또는 문명·문화상의 의의나 성과를 인정하지 않을 수 없기 때문이다.

사실 '나-너'의 세계와 '나-그것'의 세계는 따로 떨어져 존재하는 별개의 것이 아니며 하나의 세계의 전체를, 모든 사람, 모든 인간 활동을 꿰뚫고 있는 이중성이며 상호적인 것이다. 과연 사람은 '나-너'의 관계에서만은 살 수 없으며, '그것'과의 관계는 극복될 수 없는 것, 극복되어서도 안 되는 것이기도 하다. "사람은 '그것' 없이는 살지 못한다. 그러나 '그것'만 가지고 사는 사람은 사람이 아니다." 문제는 우리의 현대적 상황이 비근한 일상생활에서의 의식이나 행동에 삶의 원리가 되어 있는 여러 가지의 사고법에서부터 정치·경제 분야에서의 대규모적이며 조직적인 활동에 이르기까지 너무나도 전적으로 '그것'의 지배에 내맡겨져 있다는 데 있는 것이다.

여기에 '나-너'의 관계의 힘의 회복을 통하여 점점 더 '그것'으로 굳어져 가는 세계를 깨뜨리고 녹임으로써 되풀이하여 근원적·실재적 생명을 되찾으며, '너'라고 말하는 데서만 찾을 수 있는 전체로서의 인간성을 회복하자는 데에 부버의 참뜻이 있는 것이다.

그러나 '나-너'에 있어서 모든 '너'는 언젠가는 '그것'으로 변하지 않을 수 없다는 데에 우리 운명의 숭고한 우수가 있다. 더없이 사랑하는 애인이라도 '나-너'의 직접적, 상호적, 현존적 관계는 때의 흐름과 더불어 사라져 버리고, '너'는 '그것'으로 변하고 말기 때문이다. 여기서 우리는 이러한 낱낱의 '너'를 넘어서 보다

212

깊이 파고들어가 마침내 '너'이면서 결코 '그것'이 되지 않는 '영원한 너'를 만나게 된다.

하지만 이것은 낱낱의 '너'를 제쳐놓고 단숨에 영원한 '너'에게로 비약한다는 말이 아니다. "우리는 우리 삶의 모든 영역에서 우리 앞에 현전하며 생성되는 자를 통하여 '영원한 너'의 옷자락을 보게 된다. 모든 것에서 우리는 영원한 '너'의 나부낌을 들으며, 관계의 각 영역에서 그 나름의 방법을 따라 모든 '너'를 향해 영원한 '너'라고 부르는 것이다."

"모든 낱낱의 '너'는 영원한 '너'를 들여다보는 틈바구니다." 우리가 '너'로서 만나는 우리와의 관계에 들어서는 모든 '너'는 하나의 조망을 이루며, 바로 이 '나-너' 관계의 연장선에서 영원한 '너'와의 관계에 들어가게 되는 것이다.

사람은 근원어 '나-너'가 강하면 강할수록 더욱 인격적으로 된다. 그리고 이 '나-너'의 근원어가 강하게 되는 것은 그의 '너'가 '영원한 너'가 될 때 정점에 다다른다. 이 '영원한 너'는 여러 가지 이름으로 불리어 왔지만 역시 '하나님'이라고 부르는 것이 자연스러운 것이라고 부버는 말한다. 그리하여 '영원한 너'로서의 하나님을 향하여 '너'라고 부를 때, 우리의 '나'는 인격적 존재의 가장 깊은 경지에 이른다고 한다.

요컨대 부버에 의하면 인간의 세계에는 두 가지의 근본적으로 다른 질서가 있다. 그 하나는 '나-너'의 근원어에 바탕을 둔, 참다운 대화(Dialog)가 이루어지는 인격 공동체이며, 다른 하나는 다른 사람을 자기의 욕망을 충족시키기 위한 수단, 곧 '그것'으로 밖에는 보지 않는 '나-그것'의 근원어에 바탕을 둔, 오직 독백 (Monolog)만이 이루어지는 집단적 사회다.

오늘날 더욱더 무서운 힘으로 인간을 '그것'으로 만들어 가는 현대의 기계문명과 산업사회 속에서 극단의 이기적인 개인주의 와 권위주의가 횡행하는 이때, 자기를 잃어버리고 고독해 우는 인간이 진정한 자기를 회복하고 참된 인격적 공동체를 이루어 가 는 데 부버의 이 인격적 '만남'과 '대화'의 사상이 우리에게 주는 의의는 자못 크고 귀중한 것이라고 하겠다.

번역의 대본으로는 Martin Buber, *Die Schriften über das dialogische Prinzip*(Verlag Lambert Schneider, Heidelberg, 1954, 1974)에 수록된 *Ich und Du*를 사용하는 한편, Walter Kaufmann에 의한 영어 신역판 *I and Thou*(A new translation, with a prologue and notes by W. Kaufmann, Charles Schribner's Sons. 1970)과 김천배 님(1960) 및 김광식 님(1973) 의 우리말 번역본을 수시로 참조하였다.

부버의 심오한 체험과 사상의 생동하는 힘을 유감없이 드러내 주는 원문의 아름다움을 제대로 옮겨 내지 못했을 뿐 아니라 역 자의 역부족에서 온 오역도 많을 것으로 생각할 때 부끄러울 따 름이다. 이 점 독자와 선학(先學) 여러분의 가르치심을 바란다.

끝으로 이 책이 나올 수 있도록 도와주신 여러분, 특히 동학

214

(同學)의 황문수(黃文秀) 교수님과 이기남(李埼男) 님, 그리고 2년이 넘도록 약속을 지키지 못한 역자를 조용히 격려해 주신 문예출판사의 전병석 사장님께 마음으로부터 감사를 드린다.

부버의 생애와 사상 전반에 대하여 보다 깊이 알고자 하는 독자는 기독교서회 발행 남정길(南正吉) 교수의 《마르틴 부버》(1977)와 Paul Arthur Schilpp와 Maurice Friedman이 편집한 *The philosophy of Martin Buber*(The Library of Living Philosophers Vol. XII. Open Court, 1967)를 참조하시기 바란다.

표재명

옮긴이 **표재명**

서울대학교 문리대 철학과를 졸업하고,

고려대학교 문과대 철학과 교수를 역임했다.

옮긴 책으로는 키에르케고르의 《철학적 단편》《들의 백합화 공중의 새》,

보헨스키의 《철학적 사색에의 길》,

야스퍼스의 《철학적 사유의 작은 학교》 등이 있고,

지은 책으로는 《키에르케고어를 만나다》《잘사는 작은 나라》 등이 있다.

나와 너

1판 1쇄 발행 1977년 7월 30일

2판 재쇄 발행 2024년 9월 20일

지은이 마르틴 부버 | **옮긴이** 표재명

펴낸곳 (주)문예출판사 | **펴낸이** 전준배

출판등록 2004. 02. 11. 제 2013-000357호 (1966. 12. 2. 제 1-134호)

주소 04001 서울시 마포구 월드컵북로 21

전화 393-5681 | **팩스** 393-5685

홈페이지 www.moonye.com | **블로그** blog.naver.com/imoonye

페이스북 www.facebook.com/moonyepublishing | **이메일** info@moonye.com

ISBN 978-89-310-0094-8 93100